PROYECTO VIVIR EN CASA

Estudio de casos de intervención social en el domicilio de personas en situación de dependencia

Financiado por
la Unión Europea
NextGenerationEU

MINISTERIO
DE DERECHOS SOCIALES,
CONSUMO Y AGENDA 2030

Plan de Recuperación,
Transformación
y Resiliencia

Junta de Andalucía

UNIVERSIDAD
DE MÁLAGA

Proyecto Vivir en Casa

Estudio de casos de intervención social en el domicilio de personas en situación de dependencia

Gustavo García Herrero
Ángel Parreño Lizcano
José Manuel Ramírez Navarro
Ana Rosa del Águila Obra
Jesús Ruiz Lechuga
Antonio Jerez Cordoncillo
(Autores)

Atelier
LIBROS JURÍDICOS

Este libro ha sido sometido a un riguroso proceso de revisión por pares.

© 2025 Gustavo García Herrero, Ángel Parreño Lizcano, José Manuel Ramírez Navarro, Ana Rosa del Águila Obra, Jesús Ruiz Lechuga y Antonio Jerez Cordoncillo (Autores)

© 2025 Atelier
    Santa Dorotea 8, 08004 Barcelona
    e-mail: editorial@atelierlibros.es
    www.atelierlibrosjuridicos.com
    Tel. 93 295 45 60

I.S.B.N.: 979-13-87867-79-9
Depósito legal: B 20346-2025

Impresión: Safekat

Agradecimientos

A cada una de las personas usuarias y sus familias, a las instituciones, entidades y empresas colaboradoras, a cada una de las personas que forman parte del comité de seguimiento, asesor y científico, al gran equipo humano que ha trabajado en este proyecto y a cada una de las personas que han dedicado su tiempo a la innovación con el fin de posibilitar el vivir con autonomía, cariño y dignidad donde todos quisiéramos vivir, en casa. Infinitamente gracias.

SUMARIO

PREFACIO

El proyecto "Vivir en Casa" es un proyecto de innovación tecnológica y social de atención domiciliaria que surge a partir de un convenio entre la Consejería de Inclusión Social, Juventud, Familias e Igualdad de la Junta de Andalucía y la Universidad de Málaga, por el que se concede una subvención de carácter excepcional con cargo a los Fondos *Next Generation* EU - Componente C22 sobre el Plan de choque para la economía de los cuidados y refuerzo de las políticas de inclusión. Línea 2, Plan de Modernización de Servicios Sociales: Transformación tecnológica, innovación, formación y refuerzo de la atención a la infancia.

Desde diciembre de 2022 hasta noviembre de 2025, la Universidad de Málaga, a través de su Facultad de Estudios Sociales y del Trabajo, ha desarrollado el Proyecto de Innovación Tecnológica y Social de Cuidados Domiciliarios, "Vivir en Casa", que ha tenido como finalidad definir un nuevo modelo de intervención y provisión de servicios en el domicilio desde la complementariedad de lo tecnológico y lo social.

Ha perseguido innovar hacia un sistema que flexibilice los servicios de proximidad e incremente su intensidad y la adaptabilidad, para así erigirse en alternativa válida a la institucionalización de las personas. Ha perseguido replantear el actual modelo de atención y cuidados domiciliarios, e incorporar la dimensión tecnológica en el hogar. Complementariedad de lo tecnológico y lo social, con el objetivo de experimentar y validar un modelo innovador de atención a las personas para favorecer su permanencia en el hogar, con fórmulas flexibles e integrales e innovar, integrar y desarrollar tecnologías para favorecer la permanencia en el hogar de las personas.

Este libro recoge los principios fundamentales del proyecto "Vivir en Casa", los principales hallazgos, y las reflexiones que emanan de las sesiones de caso desarrolladas por el equipo investigador, y los colaboradores del mismo. Gracias a la información obtenida a través de observación directa y seguimiento de los dieciséis usuarios y usuarias participantes en el proyecto, personas mayores y/o dependientes, y su entorno, durante casi dos años, así como de los profesionales de referencia, a quienes se les ha dado voz. Además, se describirán los desafíos encontrados y las oportunidades futuras que se atisban en el compromiso de mejorar la calidad de vida de las personas en situación de dependencia en sus hogares.

En Málaga, a 30 de septiembre de 2025

José Manuel Ramírez Navarro
Profesor Titular de la Universidad de Málaga.
Director del Plan de Investigación e Innovación en
Servicios Sociales en la Junta de Andalucía

Ana Rosa del Águila Obra
Catedrática de la Universidad de Málaga. Investigadora
Principal del Proyecto "Vivir en Casa"

INTRODUCCIÓN

El Proyecto "Vivir en Casa", desarrollado por la Universidad de Málaga (Ver Anexo I), con el apoyo de la Junta de Andalucía y con financiación de los Fondos Europeos Next Generation, ha tenido como finalidad ensayar nuevas formas de intervención y de gestión de servicios (Ver Anexo II), junto a la prueba e incorporación de nuevas tecnologías en casa (Ver Anexo III), para lograr que personas en situación de dependencia puedan seguir viviendo en su propio domicilio.

Una apuesta efectiva por la desinstitucionalización, con medidas concretas que hicieran posible ese deseo que todos y todas tenemos, de vivir en casa incluso cuando necesitemos cuidados por nuestra situación de dependencia.

A lo largo del desarrollo del proyecto un equipo de cuatro trabajadores sociales, gestores/as de caso, han trabajado estrechamente con las personas usuarias participantes, en entornos reales, principalmente en su hogar, codo con codo, con los integrantes de su unidad convivencial, y con profesionales de distintos ámbitos y servicios (Ver Anexos V y VI).

Y tras casi tres años de desarrollo del proyecto se ha generado una gran experiencia sobre los diversos aspectos planteados, que ha quedado recogida con detalle en la evaluación del proyecto, a cargo de evaluadores externos, expertos en intervención social y en tecnologías, respectivamente, en permanente contacto con los y las profesionales del equipo que ha dirigido e implementado el proyecto. Los informes de estos evaluadores externos han sido presentados y debatidos en dos seminarios de evaluación, en los que, además de los y las profesionales del proyecto, fueron invitados a participar otros profesionales expertos del ámbito tecnológico y social, así como las personas usuarias, protagonistas del proyecto, y su entorno familiar.

Pero más allá del aprendizaje que interesa a efectos de la evaluación del proyecto, la intervención social llevada a cabo en el mismo, la interacción en esos entornos reales, aporta otros muchos matices y conocimientos que puede ser de especial interés para profesionales de la intervención social, especialmente a nivel de atención primaria de servicios sociales y también, por extensión, del sistema sanitario. Es por ello que se planteó profundizar en este análisis de la experiencia de intervención social generada en el marco del proyecto, a través de un estudio de casos. En el marco del mismo se llevaron a cabo diversas sesiones de caso, con los y las gestores de caso del proyecto, con una metodología específica, coordinadas y dirigidas por un coordinador, y en las que participaron los ingenieros y los trabajadores y las trabajadoras sociales en contacto directo con las personas usuarias.

Concretamente se ha seguido una metodología cualitativa, analizando en profundidad y detallada la situación de una persona o grupo, con el fin de comprender de manera holística los factores personales, relacionales y grupales involucrados (Maanen, 1985; Yin, 2009). Cuando el análisis se realiza sobre un caso en el que ya se está interviniendo, se convierte en una técnica de supervisión profesional para la aportación de conocimientos y miradas alternativas a las del profesional o el equipo responsable de la intervención. En este contexto, no se trata sólo de la descripción de los hechos sino del análisis y entendimiento profundo de los procesos, las relaciones y los significados involucrados en la situación y en el resultado de la intervención.

Se programaron seis sesiones de caso a las que asistieron los integrantes del proyecto interdisciplinar del proyecto "Vivir en Casa" (cuatro ingenieros, IVEC, y cuatro gestores/as de caso, Gestor/a de caso), los profesionales de referencia de los Servicios Sociales Comunitarios (dos trabajadoras sociales, TSC1, TSC2) y el coordinador de las sesiones (Coordinador), persona asesora externa.

Se llevaron a cabo 16 informes de partida de los gestores/as de caso y se tuvieron en cuenta 102 categorías de análisis (ver Anexo IV). Se llevaron a cabo seis sesiones de caso, donde se analizaron entre tres y cuatro casos en cada una de ellas. Dependiendo de la complejidad de cada realidad particular se podía requerir más o menos tiempo de análisis conjunto. Con carácter previo se ponía en común el informe previo del caso, y tras cada sesión se compartía el acta final de cada sesión con los participantes. Las intervenciones fueron grabadas en ficheros de audio para contar con dicho material a efecto del análisis posterior del discurso. En total se obtuvieron como información primaria de los participantes más de 400 folios de transcripciones de las sesiones.

Los/as profesionales responsables, gestores y gestoras de caso, plantearon los dilemas a los que tuvieron que enfrentarse en su intervención, que fueron analizados junto con el resto de participantes. Surgen así, como se verá a continuación, aspectos a tener en cuenta en la intervención social con mayores y/o dependientes que quieren mantener su proyecto vital en casa, a lo largo del tiempo, al tratarse de un estudio que se ha desarrollado a lo largo de más de dos años, en contacto directo con las personas usuarias y su entorno convivencial.

Han surgido cuestiones a tener en consideración de carácter individual, colectivo, de relaciones, de carácter tecnológico o ético. Del análisis de los 16 casos con los que se ha intervenido desde el proyecto "Vivir en Casa" con una metodología de sesiones de caso, con la participación de un equipo interdisciplinar, se han podido extraer conclusiones de interés para profesionales, academia y sociedad en general.

Para que puedan servir de referencia, tanto a profesionales, como a docentes/investigadores, y estudiantes del ámbito social y sanitario, se ha llevado a cabo una labor de síntesis, agrupando las diversas cuestiones que surgieron en estas sesiones, dando como resultado doce bloques temáticos. En cada uno de dichos bloques, los y las gestores de caso plantean las situaciones a las que debieron dar respuesta en su intervención, las dudas o dilemas a los que se enfrentaron y el análisis y valoraciones que realizan sobre cada una ellas junto al resto de profesionales que han participado en este proceso. Concretamente los bloques en los que se sintetiza el resultado de estas reflexiones, y que desarrollan a continuación, son los siguientes:

1. Importancia del contexto convivencial
2. Acompañamiento / Vinculación
3. Decisión de la persona usuaria *versus* decisión de los familiares
4. Aceptación de recursos
5. Tecnologías
6. Límites de la intervención
7. Respeto a la intimidad. No ser invasivos
8. Intangibles. Emociones y sentimientos
9. Situaciones de aislamiento y soledad
10. Algunas debilidades sistémicas
11. Algunos sesgos de género
12. Permanencia en casa *versus* ingreso en residencia

En cada uno de estos bloques, se expresan citas textuales recogidas mediante grabaciones y posteriormente transcritas de los participantes. Estas son las abreviaturas y notaciones con las que se identifica a cada uno de los y las profesionales que participan en las sesiones, en la intervención correspondiente:

Gestor/a de caso (número de caso): Indica que quien interviene es el o la gestor/a responsable del caso que se presenta a debate.

IVEC: Profesional de la ingeniería del proyecto "Vivir en Casa".

TSC1, TSC2: Profesiones del Trabajo Social de Servicios Sociales Comunitarios. Profesionales de referencia de los casos tratados.

Coordinación: Profesional encargado de la coordinación del estudio de casos.

Siendo el contenido principal de esta obra el análisis de casos, posteriormente se incluyen en la misma a modo de síntesis el mapa conceptual, a modo de conclusiones que integra los hallazgos resultantes del proyecto "Vivir en Casa" y el resultado del estudio de casos. Se incluyen además una relación de Anexos relacionados con el propio estudio de casos, y otros relacionados con el proyecto "Vivir en Casa", concretamente: a) Principios operativos del modelo "Vivir en Casa"; b) Catálogo de servicios domiciliarios del proyecto; c) Catálogo de dispositivos tecnológicos del proyecto; d) Metodología práctica y criterios básicos de selección de personas participantes en el proyecto; e) Formulario de información, consentimiento informado y confidencialidad; f) Protocolo de visita domiciliaria de seguimiento; g) Personas participantes y colaboradoras en el proyecto equipo "Vivir en Casa".

IMPORTANCIA DEL CONTEXTO CONVIVENCIAL

Cuando la persona en situación de dependencia convive en casa con otras personas, habitualmente familiares (cónyuge, hijos/as, hermanos/as...), resulta imposible considerar exclusivamente la situación personal, ya que cualquier cambio en ella o cualquier intervención en el domicilio afecta y condiciona al resto, alterando el entorno relacional. La intervención "centrada en la persona" no debe hacernos olvidar que "la persona" forma parte de este contexto, por lo que, tanto a la hora de proponer la intervención como en su evaluación a lo largo de la intervención, es imprescindible hacerlo con esta perspectiva holística de la unidad de convivencia.

Son reflexiones que han surgido en varias de las intervenciones llevadas a cabo en el marco del proyecto y que han afectado de manera importante a sus resultados.

La persona no es sino un sistema (con sus diferentes esferas fisiológicas, psicológicas, relacionales) que se produce formando parte del contexto de otros sistemas que tienen que ver, en primer lugar, con el entorno familiar o convivencial más cercano, pero también con otros contextos sociales a los que pertenece y con los que interactúa y necesita interactuar el sistema personal de cada uno. Esos otros sistemas, como contextos relacionales, tienen que ver con la familia extensa, con vecinos, amigos y personas de proximidad cotidiana no familiar, con las propias instituciones y sus profesionales, etc.

Esta contrastada y más que acreditada perspectiva sistémica se nos ha mostrado como la más útil en el análisis de los casos a la hora de valorar la situación de las personas y, en consecuencia, determinar los recursos, apoyos y cuidados que, desde cualquier instancia sean necesarios.

Este enfoque ecosistémico en terminología de Bronfenbrenner (1979) nos permite considerar de forma holística no solo al sistema usuario sino también de forma simultánea el resto de sistemas a los que pertenece y con los que interactúa, podría o debería interactuar para posibilitar un proyecto de vida.

Además, este enfoque nos ha permitido incluir en el diagnóstico de las situaciones de las personas dependientes el impacto que tiene sobre la autopercepción de calidad de vida de las personas, abordar la esfera de las relaciones con la comunidad, o para ratificarnos en la idea de que el Servicio de Ayuda a Domicilio (SAD) debe incluir horas de apoyo a estas personas para que no pierdan o recuperen los entramados de relaciones de proximidad que los han mantenido integrados toda su vida.

La intervención en casa con una persona en situación de dependencia afecta al conjunto de la unidad de convivencia

Cualquier intervención que se realiza en un domicilio en el que conviven diferentes personas, afecta al conjunto de ellas y a sus relaciones de convivencia. Para bien o para mal. Como se analiza en uno de los casos tratados, de una persona con Grado III de dependencia, que convive con otros familiares también en situación de dependencia.

Coordinación. *Es necesario hacer un análisis global holístico y sistémico de la familia. Ese análisis sistémico es imprescindible para prescribir una atención domiciliaria correcta ¿Por qué? Porque llega a ser menos importante la hora de ayuda a domicilio, de aseo personal y limpieza doméstica que el hecho de introducir un elemento nuevo en la familia que viene a desestabilizar un equilibrio de la propia familia. Tenemos que ser conscientes de que el hecho de poner un cuidador en una unidad familiar no es inocuo, por supuesto para la persona cuidada, pero tampoco para el resto del núcleo familiar. Esa alteración que hacemos de la dinámica de relaciones familiares con la introducción de un auxiliar o de un servicio domiciliario, ya sea domótico o robótico, en la mayoría de las ocasiones no nos damos cuenta de que va a trastocar, va a alterar positiva o negativamente la dinámica familiar. El acompañamiento para mí consiste en el análisis permanente de cómo la dinámica familiar se altera, para bien o para mal, a partir de la intervención que hacemos los profesionales (…)*

Gestor/a del caso 2. *Tener los servicios del proyecto en casa, nos decían que daba alegría a la casa, por ejemplo, las visitas de la logopeda y de la nutricionista, que traen alegría a esa casa.*

Este caso se puso de manifiesto que el SAD, en ocasiones, no debería limitarse a realizar tareas únicamente para la persona usuaria, así como la intervención de profesionales como el logopeda o la nutricionista. Contemplar los impactos en el resto de personas convivientes, es importantísimo a la hora de programar y evaluar los diferentes servicios en el hogar.

Necesidad de intervenir con el conjunto de la unidad de convivencia

Hemos comprobado que no se puede conseguir resultados positivos de una intervención con una persona en situación de dependencia en su casa, si no se interviene con las personas que conviven con ella. Lo hemos visto en el caso de los cuidadores/as que conviven con la persona en situación de dependencia. En este caso se trata de otra persona, el cónyuge, que aun sin tener reconocida la situación de dependencia tiene grandes limitaciones funcionales. Además, existe un fuerte vínculo entre ambos cónyuges con varias décadas de convivencia, lo que haría absolutamente inviable ofrecer servicios o cuidados para uno de ellos sin tener en cuenta al otro. Intervenir con ambos no sólo refuerza la aceptación del recurso y la motivación, sino que asegura el bienestar de ambos, ya que el deterioro o falta de cuidados de cualquiera de ellos repercute directamente en el otro. En consecuencia, la decisión de intervenir con ambos y de que ambos se beneficiaran de las prestaciones o servicios que se ofrecen, no sólo no va en contra del principio de "centrarse en la persona" sino que refuerza este principio al considerar que el interés y el bienestar de la persona no puede darse sin el bienestar de la persona con la que convive y que necesita igualmente de cuidados, aunque oficialmente no lo tenga reconocido.

Gestor/a del caso 9. *Llevan casados desde que eran jóvenes. Es decir, que no conciben la vida el uno sin el otro.*

Vimos necesario que la intervención no se podía llevar a cabo solo con la persona que era la usuaria propiamente dicha. (...) Entendíamos que la intervención no se podía llevar a cabo solamente con ella, sino que necesitábamos intervenir con los dos. Iban juntos a los grupos de psicología, iban juntos a la rehabilitación. Incluso al podólogo también lo tenían los dos a la vez.

El nuevo modelo la intervención no debe de ser solamente con la persona, sino que debe incluir a la unidad familiar. Creo que, si no se incluye la unidad familiar, la intervención con la persona, no va a llegar a mucho más.

Los servicios en casa deben contemplar no sólo las necesidades de la persona en situación de dependencia, sino también la de sus cuidadoras

Han surgido con frecuencia cuestiones relacionadas con la situación que se plantea cuando los servicios domiciliarios se destinan exclusivamente a una persona, ya que los servicios son de carácter "personal", y no a la unidad de convivencia, especialmente cuando en ella hay otra persona que también necesita cuidados, bien por sus limitaciones —aunque no tenga reconocido el grado de dependencia—, o por su condición de cuidadora, como se ha constatado en alguno de los casos.

Gestor/a del caso 12. *La persona usuaria dejó de ir a rehabilitación… después se supo que es que no quería ir porque se quedaba su mujer en casa y que querían ir los dos juntos.*

Estas situaciones hacen reflexionar al equipo en la sesión de caso, sobre cómo está organizado y como se prescriben, los servicios de apoyo.

Coordinación. *Es importante considerar la dinámica familiar a la hora de tomar decisiones en la atención domiciliaria (…)*

Gestor/a del caso 12. *Con este servicio se intentó mejorar la calidad de vida no solo de la persona usuaria, sino de la unidad familiar, que en definitiva es el objetivo de la atención domiciliaria.*

En consecuencia, la experiencia de intervención del proyecto "Vivir en Casa" aconseja tener en cuenta el contexto de la unidad familiar, la vida en el domicilio, a la hora de establecer las tareas que se van a realizar, con una perspectiva integral de lo que necesita la persona en situación de dependencia. Y lo que la persona necesita, a veces, tiene que ver con tareas que benefician o descargan a sus convivientes, de manera especial a sus cuidadores, y más si, sufren también algún tipo de limitación personal o funcional.

También en relación con los recursos domóticos, puede ocurrir que esté pensada para la persona usuaria, en personalizarla para el/la usuario/a, pero hay que tener en cuenta que también tiene un beneficio clarísimo en la unidad familiar, en las personas cuidadoras, en particular. No solamente en cuanto que facilita su vida diaria, sino también porque el hecho de que los dispositivos domóticos les aporten seguridad o reduzca el estrés de la familia, en relación con la labor de los cuidados, al ayudar facilitando el seguimiento/comportamiento de la persona usuaria en remoto, por ejemplo, y eso es beneficioso para el tratamiento general del caso. Es decir, el aporte de la domótica no solamente es una cuestión de ayuda práctica que facilita la vida a la persona usuaria, de abrir o cerrar la puerta o no, sino que, además, aporta a las personas cuidadoras seguridad y esa seguridad reduce el estrés y la carga emocional en el conjunto de la unidad de convivencia. De nuevo una consideración importante a la hora de diseñar estrategias para la permanencia en casa de las personas en situación de dependencia, que refuerza la necesidad de considerar tanto a la persona dependiente cuanto a su entorno convivencial. Como hemos visto en algunos casos a la hora de proponer la instalación de dispositivos tecnológicos en el hogar.

> **Gestor/a del caso 15.** *A la familia sí, claro, les interesaba mucho la domótica, la persona usuaria al principio se resistía. Pero ahora mismo la verdad es que sí la ha aceptado bien y la ve como un recurso que le proporciona seguridad, y yo creo que ha sido un éxito de la intervención. (...)*

Abordar de manera prioritaria problemas de salud mental que puedan afectar a alguna persona conviviente

Dentro de este análisis holístico de la unidad de convivencia, es necesario considerar si existen personas con las que también es necesario intervenir, ya que su situación o sus problemas pueden condicionar los resultados de la intervención que llevemos a cabo con la persona en situación de dependencia y los recursos o servicios que impliquemos en ello.

La reflexión que surgió al analizar este caso es la necesidad de intervenir cuando existan situaciones de problemas de salud mental que afectan a algún miembro de la unidad de convivencia; dar respuesta a estas situaciones debe ser prioritario para poder abordar con éxito la permanencia en casa de la persona en situación de dependencia, y no frustrar los recursos o servicios que se proporcionen para ello.

Es importante mantener el discurso y repetirlo ante personas usuarias, sus familiares, los responsables de los servicios sociales y los responsables sanitarios que en los casos que nuestro diagnóstico así lo determine, la aplicación de ayuda a domicilio en estos contextos sin la coordinación con el sistema sanitario y, expresamente, con los recursos de salud mental que existan en el territorio, no es sino un parche asistencial y que no corresponde resolverlo a los profesionales de referencia o gestores de caso de servicios sociales.

Así mismo, en el estudio de los casos en los que se ha dado esta circunstancia de problemas de salud de alguna de las personas cuidadoras, se ha debatido y reflexionado sobre el hecho de que, en algunos casos, la propia ayuda a domicilio se puede convertir, simplemente por el principio de homeostasis que enunciábamos anteriormente, en sostenedora o incentivadora del agravamiento del problema de salud detectado.

Domicilio es allí donde vive la persona

La experiencia del proyecto nos hace destacar que debemos considerar el domicilio de la persona allí donde la persona vive. A nivel de definición de la prestación de atención domiciliaria no debería suponer ningún problema, porque la atención se le presta a la persona allí donde la persona está, por lo tanto, mientras la persona está en el hospital, debe ser considerado como su domicilio y prolongar en él los servicios que necesite.

No cabe duda de que la atención que debe realizar un auxiliar de ayuda a domicilio en el hospital sigue siendo un apoyo a las actividades básicas de la vida diaria; la persona en el hospital tiene unas actividades básicas de la vida diaria, probablemente distintas y tiene además otros apoyos que a diario no tiene; pero el hospital no está obligado a prestar todos esos apoyos, ni el acompañamiento. Por lo que consideramos que está perfectamente justificado que la atención domiciliaria se pueda prestar en el hospital, en aquellos casos, que se determine necesaria. Es una cuestión que se ha planteado en varios casos en los que se ha intervenido:

> **Gestor/a del caso 10.** *Durante su ingreso hospitalario se detectó una situación de soledad no deseada, lo que nos hizo solicitar el SAD durante su ingreso. Pero lo cierto es que ese cambio en la prestación del servicio, del domicilio al hospital, genera dificultades importantes en la organización de la ayuda a domicilio por parte de la empresa, aunque en este caso fue posible.*

Aunque es cierto que, en algunos casos, trasladar el servicio desde la casa al hospital puede suponer dificultades que desde la intervención social se deben considerar en cada caso, ya que hay circunstancias muy diversas, no sólo el hospital, sino también desplazamientos vacacionales o el caso muy frecuente de los mayores "golondrinas", es decir, personas que viven a temporadas con unos u otros hijos.

> **TSC 1.** *No siempre es posible que el auxiliar del servicio de ayuda a domicilio vaya allí donde esté la persona. Es verdad que hay que considerar domicilio donde la persona vive, pero habrá que valorar a nivel profesional tanto la necesidad como la posibi-*

lidad de llevar los servicios a otro lugar que no sea el domicilio habitual de la persona.

Las dificultades para prestar el servicio de ayuda a domicilio en el hospital, durante un ingreso de la persona usuaria, se ponen también de manifiesto en varios casos.

Gestor/a del caso 5. *Conseguimos en colaboración con los servicios sociales comunitarios, que durante el tiempo que estuvo ingresada en el hospital, le pusiera la auxiliar de ayuda a domicilio en la actividad del día a día en el hospital por petición propia.*

TSC 2. *Es* más fácil que la persona se atienda en un hospital si es dentro de *su distrito. Porque la auxiliar no puede atender fuera de este.*

En definitiva, desde el enfoque sistémico que comentábamos anteriormente se nos ha hecho evidente que todas las unidades familiares y de convivencia mantienen un determinado equilibrio. Un equilibrio que, dependiendo de la familia, primero, es más o menos inestable (es decir predispuesto o abocado al cambio) y segundo, el hecho de que exista no significa que ese equilibrio sea positivo o nutricio para la persona dependiente y para el resto de los miembros.

En consecuencia, una unidad de convivencia puede mantenerse años y años perfectamente en un "equilibrio" relacional basado en la falta de afecto o en el aporte insuficiente o precario de cuidados entre unos y otros miembros; falta de afecto que retroalimenta de alguna manera a todos ellos. Hasta tal punto que cuando por alguna razón alguno de los miembros modifica en algo su estado o su estado se ve modificado por alguna influencia externa, todo el sistema y cada uno de sus miembros se ve impelido a modificar "en algo" su conducta o respuesta para restaurar o mantener el "equilibrio perdido". Es lo que, en terminología sistémica se ha llamado homeostasis.

Pues bien, el estudio de los casos nos ha llevado a percibir cómo la aportación de unas horas de ayuda a domicilio a uno de los miembros, o la capacidad que éste adquiere de, mediante un dispositivo domótico, abrir y cerrar la puerta de la casa, han alterado el "equilibrio" de la unidad de convivencia y, por homeostasis, tanto la persona dependiente como las personas que conviven con ella o que la cuidan se han visto impelidas (generalmente de forma inconsciente) a cambiar su conducta o su actitud para mantener el equilibrio. Que el cambio da cada cual y del sistema familiar en su conjunto, se convierta en nutricio y positivo para todos es algo que debe constituir la parte mollar de nuestra prestación de acompañamiento.

Reflexiones finales sobre la convivencia familiar

La evaluación del proyecto fue especialmente sensible al contexto de convivencia en el domicilio, advirtiendo que tal contexto se ha de tener en cuenta a la hora de planificar cualquier servicio o dispositivo en el hogar.

Si la persona vive acompañada, antes de planificar la instalación de dispositivos tecnológicos o servicios, hay que analizar cuáles pueden ser necesarios para facilitar a sus convivientes o personas cuidadoras la realización de determinadas tareas o cuidados, o para liberarles de los mismos, pero valorando de qué manera va a afectar a sus relaciones de convivencia, a los vínculos personales.

Que una tecnología o servicio libere a una persona cuidadora de la realización de determinadas tareas, no tiene porqué perjudicar las relaciones o vínculos con la persona en situación de dependencia. Por el contrario, puede contribuir a mejorar las relaciones, al reducir el estrés o la fatiga que conllevan las tareas del cuidado, que es lo que, en definitiva, se pretende. Pero siempre analizando de qué manera se pueden mantener los vínculos y la relación, especialmente en el caso de familiares o cuidadores/as que no conviven en la propia casa, si ello supone potencialmente un distanciamiento o pérdida de contacto.

Las tecnologías y los servicios han de contribuir a mejorar la vida no sólo de la persona en situación de dependencia, sino también la de sus cuidadores/as y la de todas las personas que conviven con ella, o con las que tiene relaciones o vínculos afectivos. Ayudándoles a llevar a cabo estos cuidados, para que los puedan realizar con la calidad requerida, y contribuyendo a que la persona cuidadora pueda conciliar su propia vida personal. En definitiva, se puede mejorar la convivencia y favorecer la permanencia de la persona en su casa, que es el objetivo final que ha inspirado el proyecto.

Todas estas consideraciones son también válidas para la familia que no convive en el domicilio de la persona en situación de dependencia, pero que proporciona algún tipo de cuidado y, por lo tanto, forman parte de su sistema relacional. Es necesario analizar de qué manera sus vínculos y relaciones van a verse afectados por las tecnologías y servicios que se propone aportar, tratando en todo caso de que no perjudiquen las relaciones de convivencia, sino que las mantengan y mejoren en lo posible.

Acompañamiento / Vinculación

La intervención social es acompañamiento, porque intervenir requiere no sólo prescribir y aplicar recursos, prestaciones o servicios, sino detectar y activar potencialidades en la persona y en su entorno; motivar. Para lograrlo, el acompañamiento genera —o debe generar—, vínculo. Esta ha sido una de las ideas más potentes como aprendizaje del proyecto "Vivir en Casa". La propia figura del gestor/a de caso es la esencia de esta intervención, del acompañamiento y de la vinculación. Estas son algunas de las reflexiones sobre las experiencias que este acompañamiento y la necesidad de vinculación han generado.

El acompañamiento, para su efectividad, tiene que ser intensivo

La labor de acompañamiento tiene como una de sus funciones esenciales ver en cada momento las necesidades de la persona, especialmente cuando eso requiere cambios substanciales en los servicios que debe recibir o, incluso, la salida del domicilio. Y asesorar y motivar a la persona —y a su entorno—, para que asuman las consiguientes decisiones. De manera que la prescripción profesional se fundamente no sólo en criterios objetivos sino también, en la voluntad de la persona. La intensidad que ha permitido el acompañamiento que han llevado a cabo los/las gestores/as de caso en el proyecto "Vivir en Casa", ha hecho posible que en algunos casos se pueda llevar a cabo este proceso, que resultaría complicado si el profesional responsable del caso no puede dedicarse al mismo con la misma intensidad, tal y como ocurre cuando tiene una carga —ratio— elevado de casos que atender.

> **Gestor/a del caso 2.** *Cambian las circunstancias de la familia y por eso ahora mismo no ve viable la posibilidad de seguir en casa y necesita ingresar en un recurso residencial. Pero hasta que ella misma lo ha solicitado, nosotros no hemos podido hacer más que acompañar, pese a ser una necesidad detectada. Es decir, quién lo solicita y lo firma es la persona titular del servicio, pero nuestra labor está en ese acompañamiento asesorándola en cada momento sobre lo que creemos que puede necesitar.*

Comprometerse con los derechos de la persona genera vínculo

Hacer consciente a la persona de sus derechos y de su posibilidad de reclamar y reaccionar y comprometerse en ello ha permitido reforzar el vínculo y la confianza de la persona usuaria con la gestora de caso. Desde el enfoque de atención centrada de la persona, es una aportación muy importante en la intervención.

Por ejemplo, la iniciativa del gestor/a de caso de implicarse para reclamar las horas de SAD a las que una persona usuaria tenía derecho y que no estaba recibiendo, ha podido ser importante en el hecho de que se le concedieran. Lo que está claro es que comprometerse y haber asesorado en ese proceso, de alguna manera cambió la relación con su gestor/a de caso, porque fue como que la persona lo vivió, como una defensa de sus intereses y eso reforzó la relación de confianza.

Gestor/a del caso 1. *Cuando comenzamos a intervenir no se le prestaban las horas del servicio de ayuda a domicilio actualizadas, en este sentido, se le puedo asesorar para lograr con éxito los servicios que le correspondían.*

El acompañamiento y vínculo con los profesionales también se ha convertido en una fuente de motivación, además de los recursos propios del proyecto.

En esta función de acompañamiento y vinculación se debe incluir la de "conseguidor/a" o "gestor/a" de recursos en el sentido de no solo gestionar y poner a disposición los recursos del sistema para el que trabajan, es decir, los servicios sociales (en el caso de "Vivir en Casa", los recursos de que ha dispuesto el Proyecto), sino también, más allá, ese otro papel de gestionar o acercar o conseguir otros recursos de otros sistemas de protección o dispositivos públicos y también privados que la persona pueda necesitar y a los que pueda acceder, bien de forma gratuita o mediante el pago correspondiente. Así, nuestros/as gestores/as, no solo han prescrito y aplicado los recursos de los servicios sociales (contactos con los profesionales de referencia, solicitudes de revisión o valoración de grado, adaptación de los servicios de ayuda a domicilio procedentes del sistema de la dependencia, etc.) también han localizado, gestionado, conseguido recursos del sistema sanitario contactando con médicos/as y enfermeros/as de atención primaria o de especializada. Igualmente han hecho con entidades del tercer sector o empresas privadas presentes en el territorio proximal de sus personas usuarias. De la misma forma, han "gestionado" o "conseguido" recursos y apoyos más intangibles, como los relacionales con redes vecinales o de familia extensa. Incluso, en no pocos casos, se han aliado con las personas usuarias utilizando y fortaleciendo el vínculo establecido para confrontar con las administraciones que han podido conculcar los derechos ciudadanos y de usuarios del sistema de la dependencia en un papel encomiable de abogacía social que tratamos más adelante.

Reflexiones finales sobre el acompañamiento profesional y la vinculación

El acompañamiento intensivo ha sido un elemento esencial en el proyecto "Vivir en Casa", que se ha materializado en la figura del gestor/a de caso, como complemento y apoyo al profesional de referencia (trabajador/a social de los servicios sociales comunitarios). Se presentan a continuación las reflexiones finales sobre el gestor/a de caso.

Puede pasar desapercibido, pero además de las tecnologías, de los servicios y de los apoyos familiares, vecinales o del voluntariado, la propia intervención social que el proyecto "Vivir en Casa" ha desarrollado, constituye un input esencial para lograr la permanencia de las personas en su propia casa.

Un equipo de tres trabajadores/as sociales han trabajado de manera intensiva con las personas usuarias del proyecto, un trabajador/a social para cada cinco personas usuarias. No son su trabajador/a social de referencia, que sigue siendo, como no podría ser de otra manera, el/la trabajador/a social de la Unidad de Trabajo Social (UTS) correspondiente, en este caso del Centro de Servicios Sociales del barrio de Teatinos; ese trabajador/a social ha sido "la puerta de entrada" al Sistema Público de Servicios Sociales, tal y como establece la Ley de Servicios Sociales de Andalucía.

El/la trabajador/a social del proyecto "Vivir en Casa" es un recurso más al servicio de la persona en situación de dependencia que decide seguir viviendo en casa. Es su gestor/a del caso.

En el proyecto "Vivir en Casa" han sido las trabajadoras sociales de la UTS del Centro de Servicios Sociales de Teatinos quienes seleccionaron a las personas participantes, y también quienes realizaron con cada una de ellas la primera visita para proponerles esta participación, y quienes les presentaron a sus correspondientes gestores de caso. Y a través de ellos han ido recibiendo información sobre la persona usuaria cuando se han dado circunstancias que lo han requerido, bien por cambios en su situación o en los servicios que ha precisado.

La función del/la gestor/a de caso, como apoyo y prolongación del/la trabajador/a social de referencia de la UTS correspondiente, debe asegurar las siguientes características de la intervención:

— Intensidad
— Acompañamiento y vinculación
— Inmediatez
— Personalización

El acompañamiento de estas características constituye, la argamasa que une de manera flexible todos los elementos implicados, tecnologías, servicios y lo relacional, en el objetivo de que resulten efectivas para lograr la permanencia en casa de la persona en situación de dependencia. Son el bosón de Higgs, la partícula elemental necesaria para dar masa al resto de partículas elementales en este universo de intervención social con personas en situación de dependencia en su casa.

La figura del/la gestor/a de caso debe ser analizada, valorada e incorporada a los servicios sociales comunitarios como apoyo y bajo la dirección de la UTS correspondiente. La experiencia del proyecto "Vivir en Casa" aporta referencias para analizar y valorar esta figura profesional, con las características que hemos definido, concretamente:

Intensidad

La persona en situación de dependencia que decide seguir viviendo en casa, necesita una intervención intensa. No es suficiente con que "pida cita" para ser atendida, o que se le asegure una intervención urgente si la necesita, por parte de su UTS de referencia. La UTS debe contar con los/las gestores/as de caso suficientes para asegurar el seguimiento y apoyo que la persona necesita, de manera cotidiana.

La experiencia de los/as gestores de caso en el proyecto sugieren que la intensidad del seguimiento ordinario debe variar a lo largo del tiempo. Así, en el inicio se llevaron a cabo visitas semanales al domicilio de manera sistemática; pero una vez consolidada la intervención, se consideró que no es necesaria esta intensidad, y que sólo son necesarias las visitas domiciliarias de manera puntual, cuando son requeridas por la propia persona o cuando concurre alguna circunstancia que lo aconseja, por ejemplo, dificultades en la prestación de alguno de los servicios o advertencias por parte de alguno de sus profesionales.

Se ha constatado que lo que da seguridad a la persona y a sus familiares estriba más en el hecho de saber que en cualquier momento que lo necesiten y demanden, el/la gestor de caso estará disponible y acudirá, si es preciso al domicilio, que, en el mayor número de visitas constantes y frecuentes de manera sistemática, que pueden llegar a resultar invasivas y generar incomodidad o sensación de control o de estar vigilados.

Acompañamiento y vinculación

Es imprescindible generar vínculos de confianza para que la persona, sus convivientes y familiares sientan el acompañamiento en todo momento, para que tengan la seguridad de que este/a gestor/a de caso está a su disposición siempre que lo necesiten.

Por ello, las habilidades relacionales y comunicativas han de ser parte fundamental del bagaje curricular de las personas que desarrollen funciones de gestión de caso. Estar disponible siempre que se le necesite, tener presencia sistemática pero no invasiva, ser el apoyo de la persona y de la familia, aportando seguridad y confianza, son los retos de estos profesionales.

Inmediatez

Las circunstancias de la persona en situación de dependencia o de sus convivientes o familiares pueden variar de un momento a otro. Y eso, en algunos casos, exige respuesta inmediata para modificar algunos de los servicios o para incorporar nuevos servicios (incluido el alojamiento temporal en un centro residencial, si fuera preciso). Corresponde a quien gestiona el caso actuar con inmediatez en estos casos, y tener la capacidad para movilizar, a través de la UTS cuando sea preciso, los recursos necesarios.

Si no se asegura esta actuación inmediata, es posible que algunas personas no se planteen seguir viviendo en casa, por el miedo a lo que pueda suceder si a ella misma o a alguno de sus convivientes o familiares les ocurriera algo que requiera cambios radicales e inmediatos en los servicios que está recibiendo.

Personalización

El/la profesional que gestiona el caso debe conseguir que la persona sea algo más que "un usuario", y que su caso sea algo más que "un expediente". Los vínculos personales, el conocimiento de la persona y de su entorno, y el compromiso con un proyecto de vida personal y libremente decidido, es lo que debe asegurar el/la gestor/a de caso con todas las personas a las que atiende.

Por eso estas funciones tienen que ser realizadas por profesionales que estén profundamente en conexión con la persona y su entorno, capaces de aplicar sus conocimientos de manera afectiva y sensible.

Somos conscientes de que las características del/la gestor/a de caso, tal y como las hemos definido, y tal y como se están desarrollando en el proyecto "Vivir en Casa", supondría, si se pretende generalizarlas, no sólo cambios substanciales en el concepto de los servicios sociales comunitarios, sino también un incremento extraordinario de recursos personales, si se quiere asegurar su implantación para todas las personas en situación de dependencia que deciden vivir en casa. Por ello planteamos que se aplique sólo a personas con limitaciones especiales, en particular a quienes carezcan de apoyos familiares adecuados, y que la intensidad se determine también en función de esta característica, haciendo que una misma persona pueda ser responsable de un número más o menos amplio de usuarios, pero siempre que asegure en cada uno de ellos las características antedichas de la intervención social: intensidad, acompañamiento, inmediatez y personalización.

DECISIÓN DE LA PERSONA USUARIA VERSUS DECISIÓN DE LOS FAMILIARES

En ocasiones atender las necesidades o las decisiones de la persona usuaria entra en conflicto con las necesidades o decisiones de otros miembros de la familia. Son casos en los que los/as profesionales que intervienen se ven abocados a adoptar decisiones conflictivas, pero imprescindibles, que requieren no sólo criterios sino también capacidad de negociación y gestión que estas situaciones conllevan. Lo vemos en algunos de los casos en los que se ha intervenido desde el proyecto.

Necesidad de consensuar

Es necesario hacer un análisis más holístico de lo que solemos hacer, generalmente de los casos de atención domiciliaria. Quizás nos falta esa perspectiva del conjunto de la familia, del sistema familiar y, de manera especial, del núcleo de convivencia.

Parece claro que la decisión ha de ser siempre de la persona que recibe el servicio. Pero este criterio tan claro choca, a veces, con la realidad de un entorno de convivencia que tiene otras expectativas y que, de no verse satisfechas, podrían derivar en una crisis de convivencia que dificultará, en definitiva, la propia permanencia de la persona en situación de dependencia en su casa.

La capacidad de negociación y la búsqueda de alternativas de consenso, aunque tiene mayor dificultad y requiere, en ocasiones, procesos más lentos, pueden ser más efectivas que aplicar *soluciones de manual*. Esta incertidumbre y la capacidad de adaptarse a las situaciones y al contexto con soluciones *ad hoc*, son características y requisitos de toda intervención social y han puesto a prueba las capacidades y habilidades de los profesionales en varios casos, con resultados no siempre satisfactorios, cuando no ha sido posible conjugar los intereses y las decisiones de la propia persona y de sus familiares.

> **Gestor/a del caso 2.** *En este caso se realizó una prescripción que fue aplicada, pero la persona conviviente solicitó la retirada del servicio, y pese a la necesidad detectada, no hemos llegado a un consenso con la unidad familiar, retirando finalmente el servicio.*

Han sido varias las situaciones en las que se vuelve a plantear el conflicto al que se enfrenta el profesional cuando la decisión de la persona usuaria no tiene en cuenta o entra en conflicto no sólo con la voluntad sino también con el bienestar de otra persona, cuya relación con ella es la de cuidadora. Como se dice, no hay recetas. Y el/la profesional siempre tendrá que moverse en este delicado terreno, entre la valoración ética y la valoración técnica. Y no siempre será posible conjugar la decisión de la persona usuaria, con lo que el profesional considera que es lo mejor para ella y para sus convivientes o cuidadores; y la opinión de los propios convivientes o cuidadores. Aunque en la decisión final tenga que prevalecer siempre la decisión de la persona usuaria, ello no exime al profesional de usar todas sus estrategias de motivación para lograr un punto de equilibrio.

Se expresa perfectamente en el interesante diálogo en el que participan varios profesionales asistentes en una de las sesiones de caso.

> **Gestor/a del caso 6.** *Muchas veces es que ellos no quieren aceptar que las necesitan. Son dispositivos que beneficiarían especialmente al cuidado de la persona cuidadora. Hemos hablado de la importancia de respetar la autodeterminación de la persona usuaria, pero ¿hasta qué punto hay que respetar su autodeterminación sin tener en cuenta cómo afecta al familiar o cuidador cuidadora?*

> **Coordinación.** *Por eso, no puede haber una norma clara. No hay una receta para esto. Esto al final lleva al profesional a un conflicto muchas veces ético y otras veces solamente técnico (…). Debe quedar claro la definición de la autodeterminación, que es no solamente que la persona da una opinión y toma una decisión, sino que ha tenido toda la información necesaria para tomarla. Una vez que ha tenido la información necesaria para tomarla, tome la que tome, esa es la que hay que respetar con estos límites que estamos diciendo del conflicto ético y el conflicto técnico.*

Abogacía social

El papel de abogacía social que debe asumir el/la profesional en determinadas intervenciones se expresa con claridad en casos donde algún familiar, que ni siquiera e conviviente ni tiene rol de cuidador/a, intenta tomar decisiones contra la voluntad de la persona usuaria, en situaciones en las que ésta se encuentra mermada en cuanto a su capacidad de decidir, y también contra el criterio profesional:

Gestor/a de caso 10. *Hizo mucho vínculo con la auxiliar que tenía del servicio de ayuda a domicilio, en ocasiones se le propuso por su situación personal, si quería cambio de auxiliar y decía que no, que el* vínculo que tenía era muy bueno.

TSC 2. *Yo en ese caso lo tengo claro, si la persona no tiene un tutor o no se ha nombrado a alguien, quien decide es la persona, y más si lo ha expresado con anterioridad.*

La reflexión que propone la persona coordinadora que dirige la sesión de caso sintetiza las conclusiones de este, y apunta a un concepto relevante que debería ser tenido en cuenta en toda intervención social que afecta a una persona vulnerable, y en la que intervienen otras personas de su entorno familiar que se arrogan su representación y su capacidad de decidir por ella, la abogacía social.

Coordinación. *A mí me parece muy interesante, pero en la descripción del perfil profesional del trabajo social, había una función que se llamaba abogacía social y esa abogacía social, en lo que consistía, traducido a la práctica y aplicado a este caso, es en la defensa del derecho de la persona a la que atiendes cuando esa persona no tiene la capacidad o la posibilidad de decidir. En este caso lo que ha hecho el/la gestor/a del caso, desde mi punto de vista: ha decidido defender los derechos de la persona. Es necesario que el trabajador social y sobre todo el/la gestor/a de caso que trasciende un poco del perfil del profesional del propio trabajo social, tenga en cuenta ese papel, ese rol de abogacía social cuando se tiene la seguridad de que la persona no puede responder. A mí me parece también una referencia de mucho interés para el trabajo social.*

ACEPTACIÓN DE RECURSOS

La persona en situación de dependencia o, en ocasiones, sus familiares o las personas con las que convive en el domicilio son reacias, por diferentes motivos, a aceptar determinados recursos o servicios que el profesional valora como necesarios para la calidad de vida de la persona usuaria. El desarrollo del proyecto ha puesto de manifiesto que existen estrategias para superar este rechazo y los recelos hacia determinados recursos, bien sean servicios o dispositivos tecnológicos.

En ocasiones, la aceptación de un recurso en el domicilio puede estar condicionada por la persistencia del profesional y por el miedo a perder su confianza y que eso tenga consecuencias en la retirada de otros recursos o servicios. Además de otros factores que favorecen o dificultan la aceptación de un determinado servicio, como veremos.

Confianza en el profesional. "Árbol de confianza"

La experiencia del proyecto sugiere que hay dos claves fundamentales para que una persona o una familia reticente a aceptar determinados recursos o prestaciones que el profesional considera necesarios cambie su percepción y acepte el recurso, concretamente:

— La persistencia del profesional que realiza la intervención.
— La confianza en los profesionales que intervienen.

Como veremos en el siguiente caso, al comentar las dificultades que hubo para incorporar en esta casa el servicio de ayuda a domicilio, fue la intensidad del acompañamiento y la persistencia del profesional que lo realizaba, la que consiguió romper las reticencias de los familiares convivientes, de manera que su prescripción del recurso se produjo tras la solicitud de ellos mismos, una vez superadas sus reticencias iniciales.

Y cuando hubo de enfrentarse a la complicada decisión de proponer la salida de casa de la usuaria y su ingreso en una residencia, sus lógicas reticencias se pudieron superar gracias a la confianza que había generado en otra de las profesionales que intervino en el domicilio, la logopeda; sabiendo que ésta trabajaba también en la residencia del barrio, le resultó más fácil decidir ingresar en ella, por lo que la logopeda le aconsejó y, sobre todo, por la imagen que transmitió de profesional de confianza que iba a estar también con ella en ese centro. Un ejemplo claro de lo que se denomina "Árbol de confianza".

En definitiva, la confianza en el o los profesionales que intervienen, es clave para superar reticencias a determinados servicios o recursos. Por supuesto, la confianza hay que ganársela, como ya hemos visto anteriormente.

Gestor/a del caso 2. *La confianza ha mejorado con el tiempo, tanto con nosotros, como con los recursos que ha ido recibiendo, viendo además cómo esto ha ido mejorando su calidad de vida.*

Cuestión que nos ha permitido ganar confianza y abrir un poquito más el abanico de la intervención.

En cuanto a la logopeda, que trabaja también en la residencia del barrio, al ver que funciona así de bien y que son así de "humanas", ha pensado que a lo mejor no es tan malo el recurso residencial y finalmente lo ha solicitado.

Árbol de confianza

Un ejemplo de este "Árbol de confianza" lo ofrece una persona reticente a recibir servicios ambulatorios de neuro-rehabilitación de manera ambulatoria en un centro residencial. Es la confianza en una de las profesionales que interviene en el domicilio y que presta también servicio en ese centro, la que le anima a aceptar ese servicio.

Incluso cuando se plantea la necesidad de un ingreso residencial, es la confianza que se ha iniciado a partir de este profesional y que se prolonga en los que han intervenido en las terapias ambulatorias de neuro-rehabilitación, lo que le hace ingresar sin reticencias en ese mismo centro.

Reflexiones finales sobre la aceptación de recursos

Se ha puesto de manifiesto la importancia de la confianza que pueda lograr el profesional con la persona usuaria y con su entorno familiar, si es el caso. Esta confianza tiene mucho que ver con la calidad humana del profesional. En la evaluación del proyecto se hizo hincapié en esta relación y se cita lo que denomina "Árbol de confianza", como referencia para la aceptación de recursos o servicios.

Reticencias / Árbol de confianza

A lo largo del desarrollo del proyecto se han puesto de manifiesto reticencias a aceptar algunos de los servicios o tecnologías, bien por parte de las propias personas usuarias o de sus familiares o convivientes. Los motivos han sido diversos: desconfianza en su utilidad, incomodidad (horarios, desplazamientos...), experiencias negativas, etc. En algunos casos estas reticencias han llevado a rechazar un servicio o una tecnología que ya se había implantado.

Las estrategias con las que los/as gestores de caso han abordado estas situaciones se basan en la flexibilidad en los tiempos o en dejar en suspenso el servicio o el recurso rechazado, de manera que la persona o la familia puedan ver las consecuencias de ello, de manera que pueda volverse a implantar, en su caso.

Pero el principal aprendizaje que ha permitido el proyecto en este aspecto es la confianza que la persona usuaria o su familia tienen en un profesional, lo que hace que acepten determinado servicio, tecnología o recurso al que inicialmente se muestran reticentes.

Es el/la gestor de caso quien mejor puede ser "el tronco" de este Árbol de confianza, pero no el único. A lo largo del proyecto ha habido otros profesionales que han jugado ese papel, a través de los cuales la persona ha ido aceptando y confiando en otros profesionales o recursos.

La calidad humana y las habilidades relacionales de los diversos profesionales que intervienen constituye, un elemento esencial de motivación no sólo para la adherencia y permanencia en el servicio sino también para formar parte de este "Árbol de confianza" que anima a la propia persona y a sus familiares a aceptar otros servicios, recursos o tecnologías que se prescriban.

Calidad del servicio & calidad humana

Todas las personas usuarias de los diferentes servicios que participaron en las sesiones de valoración intermedia del proyecto hicieron referencia a la calidad humana de los y las profesionales que los prestaban, como uno de los elementos esenciales en los buenos resultados del servicio.

Sin duda alguna, la calidad humana de los y las profesionales, sus habilidades relacionales, constituyen un elemento esencial de motivación, muy importante en el caso de personas en situación de dependencia, para su adherencia y permanencia en el servicio.

Conviene no olvidarlo porque podría ocurrir que un determinado servicio, a pesar de su utilidad para mejorar la autonomía y la calidad de vida, no alcance estos objetivos si sus destinatarios no se implican de manera efectiva, por falta de motivación o de vinculación con el o los profesionales. Por suerte, este no ha sido el caso en los servicios que se han prestado en el marco del proyecto "Vivir en Casa".

Aceptación por el temor a perder otros servicios o prestaciones

El miedo a perder otros recursos del proyecto y, especialmente, que pudieran reducir horas o quitarle la ayuda a domicilio, con cuya auxiliar tenía una especial vinculación y aprecio, es lo que llevó a la usuaria cuyo caso veremos a continuación, a aceptar el recurso —la cama articulada de última generación—, tras la persistencia del profesional gestor del caso y, una vez instalada, a actuar de la forma tan singular para que no se enterase de que no la estaba utilizando. Son temores que, desde el punto de vista de los profesionales, nos pueden parecer absurdos, pero desde el punto de vista de las personas usuarias no lo son. Y menos a quienes participan en un proyecto como "Vivir en Casa", que suponía para ellas disponer de un plus de recursos —entre ellos un mayor número de horas de ayuda a domicilio—. Es importante que el profesional sepa cuando la persona usuaria acepta realmente un determinado recurso por convencimiento o cuando lo hace sólo para no contrariar al profesional o por temor a que, si rechazan ese recurso, su rechazo pueda hacer que pierdan otros recursos o servicios que sí que necesitan y desean tener. Es algo que en las sesiones de caso se ha planteado en ocasiones.

> **Gestor/a del caso 6.** *Le dijimos que teníamos camas articuladas, la cual acepto poner, pero meses más tarde me comento que no la quería, que se sentía inestable y que no me lo había dicho antes ya que creía que era un requisito para estar en el proyecto y que su negativa produciría su salida de este.*

Cuando trabajamos con personas vulnerables, un factor para tener en cuenta es que por miedo a que se les quite algo, te dicen lo que quieres oír. Hay personas vulnerables que creen, posiblemente algunas veces con razón, que de lo que el profesional o los profesionales pensemos depende su vida. Entonces nos dicen lo que queremos oír.

La proximidad como factor importante para la aceptación de determinados recursos

El propio proyecto "Vivir en Casa" tiene como esencia considerar el entorno de proximidad como referencia para que la persona en situación de dependencia pueda seguir viviendo en casa. Es un proyecto de casa y de barrio, como entorno y prolongación imprescindible del domicilio. Por eso el proyecto se propuso movilizar y coordinar todos los servicios del barrio —Teatinos— en torno a la intervención domiciliaria, bien como servicios que se prestan en casa o como servicios de carácter ambulatorio en un centro, pero dentro del propio barrio. El barrio con sus servicios, públicos o privados, con sus comercios y sus bares, como oportunidades para que la persona pueda vivir y convivir con la mayor autonomía y de acuerdo con sus necesidades y sus decisiones.

> **TSC1.** *Quiero recalcar la importancia de que los servicios que se ponen a disposición de las personas mayores tienen que ser servicios de proximidad, tienen que ser servicios en el barrio, ni siquiera que tenga que usar un transporte. Los servicios para las*

personas mayores, ya sean dependientes o no, está comprobado que tienen que ser servicios de proximidad.

Son necesarios los servicios de proximidad con personas mayores, porque el hecho de ofertarles servicios que pueden en principio cubrir la necesidad que pueda tener la persona, pero que lo que hacen, en definitiva, es complicarle la vida. Al final genera una sensación de frustración mucho mayor en la persona.

TECNOLOGÍAS

Uno de los ejes fundamentales del proyecto "Vivir en Casa" era la innovación tecnológica para facilitar la permanencia de las personas en situación de dependencia en su casa. Pero las tecnologías siempre han de estar al servicio de la persona, adaptarse a sus necesidades y también a sus deseos. Sin olvidar, por supuesto, el contexto familiar y de convivencia de la persona. Son muchas las experiencias y reflexiones que el desarrollo del proyecto ha generado en relación con las tecnologías, cuyas conclusiones vienen recogidas con detalle en la evaluación del proyecto (utilidades, consideraciones éticas...). Presentamos a continuación algunas específicamente relacionadas con la intervención social llevada a cabo.

Los robots son sólo herramientas para la intervención

El análisis del siguiente caso pone de manifiesto claramente que los robots no son "agentes" sino "herramientas" para la intervención por parte de un profesional. Confundir ambos términos puede ser muy negativo. Lo novedoso de estos dispositivos puede hacer que perdamos esta idea y que esperemos de las tecnologías, por ejemplo, de la robótica, lo que no pueden dar.

> **Gestor/a de caso 11.** *Se le puso y aceptó muy bien ese robot, hasta que pensó que lo "infantilizaba". Cuando hablábamos de implantar Nuka en casa de este usuario, la idea era que fuera una herramienta, no una terapia. La terapia ha de realizarla una psicológica, que puede utilizar una herramienta como el robot Nuka, si lo ve necesario.*
>
> *Lo que la persona necesitaba era una atención psicológica y quizá el fallo estaba en que la herramienta se transformó en intervención y la herramienta, no es la intervención.*

Hay que adaptar cada dispositivo a las características y necesidades de la persona

La segunda reflexión que se pone de manifiesto es que no todos los dispositivos tecnológicos, en este caso los robots, son adecuados para todas las personas. No se produce la misma adherencia a uno u otro robot teniendo en cuenta por ejemplo, el género, de la misma manera, las características culturales, la experiencia o el propio carácter de la persona, deben ser tenidas en cuenta a la hora de utilizar como herramienta uno u otro robot, uno u otro dispositivo tecnológico.

En algunos casos se manifiesto la necesidad de valorar el estado cognitivo de una persona en situación de dependencia a la hora de prescribir determinados dispositivos tecnológicos, en este caso un robot de compañía, con los que ha de convivir en el domicilio.

Las tecnologías no deben substituir nunca el contacto personal

Es ésta una cuestión que ha surgido con frecuencia en el desarrollo del proyecto "Vivir en Casa", y que ha sido objeto de preocupación y de análisis en la evaluación de este. La conclusión es que a la hora de prescribir cualquiera de estos dispositivos hay que valorar su impacto en las relaciones de la persona, para que no substituyan ninguna de ellas. En el caso que vamos a ver, el robot inteligente dispensador de pastillas podía haber substituido la relación de confianza y el contacto habitual de la usuaria con el farmacéutico de su barrio. Afortunadamente la propia usuaria rechazó este dispositivo en base a esta consideración.

De la misma manera, una plataforma que permite conectarse e interactuar con otras personas usuarias y con profesionales, desde el propio domicilio, fue rechazada por la usuaria porque valora mucho más las relaciones presenciales, cara a cara, y salir de casa. Una circunstancia que los profesionales deberían haber valorado antes de proponer este dispositivo a una persona de las características de las que nos ocupa.

Sin embargo, otros dispositivos, como la mirilla y la cerradura inteligente, y el robot Temi, eran mucho más útiles y apreciados, por lo que su implantación en el domicilio ha favorecido su permanencia en el mismo de manera autónoma.

> **Gestor/a de caso 5.** *Tiene muy a gusto el robot Temi, que le acompaña en su día a día y al que llama "mi niña", pese a ser consciente de que es una herramienta. (…)*
>
> *Se le prescribió también una plataforma online, centro virtual a través de la televisión, en el que se conectaba con otras personas, psicólogos y demás, Pero dijo que no, que "ella necesitaba el contacto del día a día en persona, y no eso de hablar a través de una pantalla, sino el salir de casa".*

Uno de los condicionantes con los que se han encontrado los/las profesionales del proyecto a la hora de prescribir o de conseguir que los usuarios acepten determinados dispositivos tecnológicos, es el miedo a que, al realizar tareas que antes realizaba alguna persona, familiar o del entorno, puedan substituir las relaciones personales que ese vínculo generaba. Es, sin duda, un aspecto a tener muy en cuenta, y uno de los riesgos de las tecnologías que se señalaron de manera destacada en la evaluación del proyecto. En opinión unánime, hay que evitar que esto ocurra. Sin embargo, el caso que nos ocupa expresa otro ángulo de esta cuestión, y es la perspectiva de la persona cuidadora, en este caso la hija, a la que el robot dispensador de medicación liberaría de una tarea cotidiana. Es decir, cuando los intereses y los deseos de la persona usuaria no coinciden o entran en contradicción con los intereses o deseos de alguno de sus cuidadores o cuidadoras. Nos remitimos a las consideraciones que sobre ello se realizan, al hilo de otros casos, en el capítulo dedicado específicamente a esta cuestión.

Gestor/a de caso 9. *Lo que sí rechazó fue el tema del sensor de medicamento y el robot dispensador de medicación, aunque al principio decía que sí, más adelante pidió que se lo quitáramos. Nos dimos cuenta de que era una excusa para que su familiar viniera a casa a prepararle las pastilla.*

Coordinación. *Algunos usuarios ven como un riesgo las tecnologías, riesgo de perder apoyos y cuidados de los hijos a costa de la tecnología. Es un tema muy relevante que ha salido en este caso, pero que se manifiesta en tantos otros.*

Tener en cuenta las necesidades específicas de la persona y los usos que quiera dar, al programar los dispositivos

Hay casos que ponen de manifiesto la importancia de programar cualquier dispositivo tecnológico teniendo en cuenta las necesidades específicas de la persona para su calidad de vida y, por ende, para su permanencia en casa. Por ejemplo, cuando una persona es esencial el contacto cotidiano con sus amigos en el bar de al lado de casa. De ahí que llevarse con él a su robot al bar no fue un mal uso por su parte, sino que entra en la lógica de su cotidianeidad. Por eso, no cabía otra solución que reprogramar al robot para que pudiera acompañarle al bar ya que, además, se trataba de una alternativa tecnológicamente viable y fácil de realizar. Para la intervención social, el aprendizaje es evidente: hay que contemplar todo el contexto, las necesidades y las expectativas de la persona para adaptar a ella cualquier tecnología, explorando todas sus posibilidades, por exóticas que pudieran parecer, como en este caso.

> **Gestor/a de caso 4.** *Cuando le pusimos el robot Temi, lo primero que hizo, se llevó el robot al bar, por la novedad. Lo mismo que si te compras un móvil o un coche, lo primero que haces es enseñarlo a los amigos; pues él decidió irse al bar con sus amigos y llevarse el robot, y estuvo allí de cerveza y demás. Cuando llegó la hora de volver a casa, el robot no respondía, estaba desorientado porque no se le había mapeado para salir de casa. Es un caso que llevamos al Comité de Ética del proyecto, y se consideró que lo que teníamos que hacer era mapear el bar para que se lo pudiera llevar; era posible, por el trayecto desde su casa al bar es diáfano y no hay ni 200 metros.*

Evitar el "encarnizamiento terapéutico" con la sobredosis de dispositivos tecnológicos

El proyecto de vida de una persona es absolutamente respetable, así como su derecho a la autodeterminación; no podemos prescribir o instalar recursos a la gente desde nuestra subjetividad; en sanidad se llama encarnizamiento terapéutico, aquí quizás sería demasiado una expresión así, pero tenemos que respetar lo que la persona decida asumir. El derecho de autodeterminación significa no solo tener derecho a no querer algo, si no, sobre todo, no querer algo a pesar de saber (porque el profesional se lo ha explicado) que tener ese algo le puede beneficiar y no tenerlo, le perjudica. Eso es autodeterminación. Cuando se dice a la persona, como en este caso, con este robot estarías mejor y se le explica el porqué, sus utilidades y su facilidad de manejo, pero la persona dice que no lo acepta, ya está, se acabó.

Gestor/a de caso 6. *Esta persona no está dispuesta a adaptarse a lo tecnológico. Dice que tiene una edad que no quiere. Hay perfiles de personas mayores que es que no se adaptan ni tienen intención de adaptarse a la tecnología.*

Un efecto negativo de las tecnologías: el desbordamiento personal

En las siguientes reflexiones se pone de manifiesto cómo el uso de determinadas tecnologías avanzadas, en este caso un robot, pueden tener un efecto negativo en personas que se sienten incapaces de utilizar esa tecnología. Se señala en la evaluación del proyecto que una de las características que debe tener cualquier tecnología que se instale en casa de una persona en situación de dependencia, ha de ser su usabilidad, es decir, facilidad de uso. De no ser así, además de limitar su utilidad, puede generar rechazo y, como en este caso, frustración por sentirse desbordados. Con lo que termina siendo un artefacto inútil que sólo será un trasto en casa, un estorbo. De ahí la importancia de valorar esta adecuación del dispositivo tecnológico en una casa teniendo en cuenta: a) su utilidad; b) su usabilidad —facilidad de uso—; c) las capacidades y actitudes de la persona que lo ha de utilizar.

IVEC. *El robot Temi dejó de tener utilidad cuando le pusimos el pastillero inteligente, que recordaba y dispensaba medicamentos; es decir, esa función ya la cumplían otros dispositivos.*

Al principio si tenía cierta ilusión por el factor novedad, pero más adelante se le *retiro porque le frustraba mucho comunicarse con Temi y que no lo entendiera, aunque no fuera culpa suya se creó ese rechazo* (caso 8).

Diferenciar entre robot que realizan tareas mecánicas de los que generan vínculos

Hay que tener en cuenta la diferencia entre un robot que realiza tareas mecánicas o de servicio digamos, físico o material, como recordar una fecha o servir un café, y un robot que trata de establecer vínculo afectivo con la persona. Nuka es un robot que está dirigido precisamente a eso, por su tono de voz, el arrullo que hace su tacto suavecito, la expresión de su mirad. Supone sustituir un vínculo afectivo o establecer un vínculo afectivo con un objeto en lugar de con una mascota. Esto sugiere dos consideraciones:

— Es necesario que el uso de robots sociales, que pueden generar vínculo afectivo esté siempre controlado por un psicólogo o psicóloga, para controlar el exceso de dependencia que pueda generar en la persona, o el perjuicio o no del vínculo que la persona establece con el robot.

— No es lo mismo suspender abruptamente un servicio de un robot que hace tareas mecánicas que suspender abruptamente un robot que lo que hace es fomentar el vínculo afectivo, porque estamos dirigiendo un petardo a la línea de flotación del mantenimiento positivo de la persona. Una tarea mecánica de un robot es sustituible, porque las tareas que realizaba el robot las pasa a hacer la persona cuidadora, es fácilmente sustituible. Sin embargo, un vínculo afectivo no se sustituye de la noche a la mañana, especialmente en el caso de personas con deterioro cognitivo.

Gestor/a de caso 11. *El robot Nuka se ha usado como estimu-lación. La psicóloga que llevaba Nuka supo que se iba a retirar el servicio, y hizo una sesión de despedida, que, en este caso, por lo menos lo pudo amortiguar. Creo que lo que realmente es importan-te en la terapia es la psicóloga. En este caso el robot Nuka* sólo te-nía sentido si va acompañado del trabajo psicológico.

No generar falsas expectativas con las tecnologías

Cuando prescribimos algún dispositivo tecnológico es nece-sario informar con mucha claridad a la persona usuaria y a sus convivientes, familiares o cuidadores qué utilidades va a tener; y, de la misma manera, advertir sobre sus limitaciones para que no generen falsas expectativas ni usos para los que el disposi-tivo no está preparado. El riesgo de levantar falsas expectativas es algo que nos puede ocurrir, porque somos expertos en in-tervención social pero no somos expertos al mismo nivel en tecnologías, especialmente cuando se trata de tecnologías inno-vadoras, algunas de ellas todavía en fase de experimentación. Es muy importante ser conscientes de ello y aclarar muy bien con los expertos cuales son los usos actuales del dispositivo, y cuáles son sus limitaciones para poderlas transmitir adecuada-mente a las personas usuarias, de manera que no generemos expectativas que luego no se cumplan.

Gestores de caso 5 y 7. *La tecnología quizá levanta excesivas expectativas cuando se la contamos a las personas usuarias, y esas expectativas, luego en parte, se pueden ver frustradas.*
Al final es a la persona usuaria a la que se ve afectada por la falta de desarrollo de la tecnología o en los fallos en el momento en el que la están utilizando.

También nos hemos encontrado el mismo efecto negativo que acaba determinando el rechazo de la tecnología en casa, pero, en estas otras ocasiones, por causa de haber creado ex-cesivas expectativas que luego la tecnología, los robots disponibles, no han conseguido cubrir. Este hecho se da casi exclusivamente en relación con los dispositivos robóticos y, lógicamente en perfiles de usuarios de una menor edad y en aquellos de un mayor nivel de conocimiento tecnológico previo que, por alguna razón, han tenido y tienen contacto habitual con las tecnologías de la información.

Muchas de las habilidades, acciones, servicios, que puede desarrollar la tecnología robótica, por el momento, se encuentran en fase de prototipo. En todos los casos sabemos que esas funciones son posibles porque el estado de la ciencia nos permite aventurar que lo vayan a ser, pero en algunas, hoy en día, el nivel de posibilidades de uso, el nivel de calidad o cantidad de la acción, habilidad o servicio presumido es todavía muy mejorable.

Sin embargo, cuando por parte de los y las gestores/as de caso se ha propuesto a alguna persona usuaria la prescripción de un recurso robótico, la descripción de sus funciones, habilidades o servicios se le ha hecho como si pudieran realizarlas a un nivel óptimo. Esto ha determinado que, cuando la persona ya tenía experiencia en el manejo de tecnologías, el uso del robot en cuestión haya acabado rechazado o infrautilizado con lo que eso conlleva de efectos negativos por la decepción.

Gestor/a del caso 7. *Les pusimos Temi y lo apagaron enseguida, porque decían que les exasperaba porque estaban acostumbrados a Alexa. (...) Sobre todo se quejan del reconocimiento de voz.*

REFLEXIONES FINALES SOBRE LAS TECNOLOGÍAS

Utilidades de las tecnologías para facilitar la vida en el hogar de personas en situación de dependencia

Es objetivo prioritario del proyecto "Vivir en Casa" contar que utilidades pueden aportar las tecnologías para las personas en situación de dependencia que viven en casa. La experiencia de su desarrollo nos permite constatar las siguientes:

— **Compensar limitaciones funcionales**: Son diversas las tecnologías que ofrecen alternativas a las limitaciones físicas o cognitivas de las personas en el hogar. Entre ellas adaptar el equipamiento del hogar a las necesidades y características de las personas, facilitar la deambulación y los desplazamientos, acercar objetos a la persona cuando los necesita, o suplir limitaciones de la memoria recordando citas médicas o la toma de medicación.

— **Facilitar tareas**: en general, las diversas tecnologías domóticas aportan esta utilidad, al permitir la apertura y cierre de puertas a distancia, o el encendido, uso y apagado de luces y electrodomésticos.

— **Seguridad**: Es una utilidad de gran importancia, que aportan diversas tecnologías como los sistemas inteligentes de teleasistencia, los sistemas de geolocalización (que permiten establecer perímetros de seguridad, y emitir avisos en caso de que la persona que los porte salga de éstos), los que monitorizan rutinas de la persona para advertir de cambios en las mismas que puedan ser indicio de una situación de riesgo, robots que permiten detectar presencia o incluso caídas, etc.

— **Compañía**: Es una de las utilidades más discutidas, si las tecnologías pueden aportar compañía o no. En este sentido la experiencia del proyecto y la valoración de las propias personas usuarias está resultando muy esclarecedora. Resulta claro que ninguna "máquina" o "aparato" puede substituir la compañía humana y los vínculos que a través de ella se generan. Pero no es menos cierto que pueden ser vehículos para propiciar el contacto y la comunicación, por ejemplo, facilitando las videollamadas a familiares, amistades, voluntariado o profesionales. Por otra parte, no hay que menospreciar las sensaciones expresadas por diversas personas usuarias del proyecto, que cuentan como la presencia de un robot, por ejemplo, y que éste se mueva por la casa, las localice, y con el que puedan interactuar por voz, les aporta sensación de no estar solos, en definitiva, sentirse acompañados de algún modo.

¿Robots y compañía?

Una de las personas usuarias utiliza el robot como compañía en sus rutinas en el entorno (ir al bar o a la farmacia), lo que obligó a los ingenieros a reprogramar todo el mapeo del mismo para que pudiera ser compañía también fuera del hogar.

Otra persona relata la importante sensación de compañía que supuso para ella el robot en un momento de duelo por la pérdida de un ser querido.

— **Emocional**: Tecnologías como las gafas de realidad virtual o robots que simulan mascotas han mostrado, en la experiencia del proyecto, su utilidad para activar emociones y mejorar el bienestar. Sin embargo, es importante gestionar las expectativas sobre lo que estas tecnologías pueden ofrecer. A menudo, su verdadero valor radica en su capacidad para evocar experiencias emocionales significativas como hasta ahora han ido haciendo, sin necesidad de desarrollos complejos. En este sentido pueden ser útiles en el objetivo de facilitar la permanencia en el hogar de personas en situación de dependencia, al mejorar su estado emocional.

— **Rehabilitación:** Las tecnologías no sólo deben compensar limitaciones de las personas, sino que pueden y deben plantearse objetivos de rehabilitación, de manera que permitan recuperar capacidades para la autonomía personal y para las actividades básicas de la vida diaria. La experiencia del proyecto "Vivir en casa" ha sido siendo especialmente interesante en cuanto a la neurorrehabilitación, a la que nos referiremos más adelante, que se ha llevado a cabo desde servicios como la logopedia o la fisioterapia y terapia ocupacional que se prestan con carácter ambulatorio en un centro residencial del barrio, que cuenta con equipamiento tecnológico avanzado y con una plantilla cualificada para obtener todo el potencial de estas.

Características que deben tener las tecnologías al servicio de las personas en situación de dependencia en el hogar

Para que los dispositivos tecnológicos en el hogar sean útiles para las personas en situación de dependencia han de cumplir las siguientes condiciones:

— **Ser no invasivos**. Las tecnologías pueden ser muy útiles para la seguridad de las personas, pero hay que considerar los límites de la privacidad y de la intimidad que caracterizan la vida en casa. En este sentido hay que evitar en lo posible la captación y almacenamiento de imágenes, y también hay que valorar el exceso de control de la persona, más allá de lo que la propia persona asuma. La persona ha de sentirse monitorizada y acompañada con las tecnologías, pero no vigilada.

— **Ser sencillos**. Por muy sofisticada y compleja que sea una tecnología, la sencillez en su uso ha de ser determinante, teniendo en cuenta las características de la persona que ha de utilizarla. Cualquier dispositivo cuyo uso suponga un aprendizaje o memorización excesiva, y añada complejidad a la vida de la persona en lugar de facilitarla, no será útil.

— **Tener bajo coste**. Una experiencia piloto no puede fundamentar su éxito en tecnologías exóticas y de alto coste, ya que sus resultados no serían trasladables, como se pretende. Para que las tecnologías puedan ser una opción útil para que las personas en situación de dependencia puedan permanecer en sus domicilios, sus costes tienen que ser asequibles.

— **Basados en la decisión de la persona**. Cualquier tecnología que se instale en el domicilio de una persona en situación de dependencia ha de tener en cuenta tanto las necesidades y deseos de la propia persona como la de sus convivientes, si los hubiere. De no ser así, cualquier utilidad se verá limitada por falta de interés o rechazo por su parte o por parte de sus familiares, como el proyecto ha puesto de manifiesto en varias ocasiones.

— **Personalizables, escalables.** Las tecnologías más útiles son aquellas que se adaptan a las circunstancias, necesidades y deseos de cada persona, y las que permiten, a su vez, incorporar nuevos dispositivos que amplíen sus utilidades.

Además, integrables, es necesario integrar los dispositivos domóticos con los robóticos en el domicilio, de manera que complementen y faciliten su uso.

Riesgos de las tecnologías en el hogar

La irrupción de tecnologías en el hogar es todavía reciente y genera no pocas incertidumbres y recelos. El impresionante y acelerado desarrollo que estas tecnologías están experimentando y que previsiblemente tendrá un mayor desarrollo a corto plazo obliga a abordar con racionalidad sus riesgos.

El proyecto "Vivir en Casa" es una oportunidad para despejar algunas de estas incertidumbres y recelos al respecto, pero también para advertir de los riesgos reales que conlleva la implantación de tecnologías en el hogar. Concretamente, cuatro son los riesgos que más se han evidenciado en este sentido, concretamente los siguientes:

— **Las tecnologías en el hogar no deben ser invasivas**, han de analizar en todo caso cómo compaginar su utilidad para la seguridad o el apoyo a la persona en situación de dependencia, con su derecho a la intimidad. Acompañar, pero no vigilar. El uso de imágenes debe ser limitado al máximo, y aún más su almacenamiento. Es preferible usar sensores que no requieran imágenes, siempre que sea posible. Limitar el acceso no sólo a imágenes, sino a cualquier dato, a las personas expresamente autorizadas por la propia persona afectada. Por supuesto, ningún dispositivo que permita controlar rutinas o conductas de la persona debe ir más allá de los estrictamente necesario para la utilidad para la que han sido diseñadas, ni se debe controlar nada que no esté justificado por esa utilidad, y que haya sido asumido y autorizado por la persona. Es importante también que la persona no tenga la sensación de estar vigilada y controlada en su casa en todo lo que hace. Por eso hay que explicar con claridad los usos y limitaciones de cada dispositivo, y reforzar la idea de que será la propia persona quien decidirá y autorizará lo que considere oportuno.

— **Privacidad y protección de datos.** El uso de determinados dispositivos se realiza a través de plataformas que acceden, acumulan y gestionan datos de la persona y del hogar. El uso de esa información puede escapar al control que podemos hacer de los mismos. Es algo que se debe considerar a la hora de decidir la implantación de estos dispositivos y, en todo caso, que la persona y sus convivientes conozcan que sus datos van a estar a disposición de estas plataformas, de la misma manera que pueden acceder a los mismos a través de tecnologías tan generalizadas como los teléfonos móviles.

— **No substituir las capacidades personales:** Las tecnologías deben complementar y asistir a las personas en sus dificultades o limitaciones, sin substituir sus capacidades propias, ni aumentar su dependencia.

— **No suplantar el contacto personal.** Si un riesgo genera especial preocupación en el ámbito de lo social cuando se plantea el uso de nuevas tecnologías, es que puedan suplantar las relaciones personales o familiares de la persona en situación de dependencia. Especialmente cuando se trata de robots para realizar tareas que habitualmente desarrollan convivientes, familiares o personas del entorno; o los que ofrecen oportunidades de compañía. Por eso es imprescindible que al valorar la conveniencia o no de implantar alguno de estos dispositivos se considere no sólo sus utilidades sino también estos riesgos, haciendo consciente de ellos a la persona destinataria para que decida libremente teniendo en cuenta ambas dimensiones: utilidades y riesgos.

El criterio debe ser utilizar los robots como refuerzo y apoyo a las personas cuidadoras o para facilitar el contacto personal, nunca para substituirlo. En el caso de los robots de compañía, además de ofrecer utilidades para que la persona pueda acceder a determinados servicios (música, noticias...), recordar citas o medicación o advertir de riesgos en el hogar, su principal uso puede ser mantener activo el contacto con personas allegadas facilitando la realización de videoconferencias u otras formas de comunicación.

El poder de los vínculos personales

la experiencia del proyecto se han planteado estos riesgos con algunos de los dispositivos robóticos. Por ejemplo, una persona usuaria desechó el uso del pastillero robotizado, ya que supondría perder el contacto con una de sus hijas, enfermera de profesión, que le administraba la medicación y ello constituía un importante vínculo y una presencia que el pastillero podría suplantar o reducir. En otro caso era la visita del farmacéutico del barrio la que sería substituida por el robot, eliminando así uno de los vínculos de la persona con el entorno.

Un aspecto ético que preocupa especialmente en la incorporación de robots de compañía en el domicilio es su *humanización*, es decir, que la persona usuaria pudiera otorgarle rasgos humanos y estableciera con la máquina vínculos que sólo la compañía humana puede generar. En este sentido se plantea la conveniencia de no dar un aspecto excesivamente humano al robot, y también se desaconsejaba poner nombre al robot. Sin embargo, invariablemente las personas usuarias, una de las primeras cosas que hicieron al recibir en su casa estos robots de compañía fue ponerles nombre, tales como Felipe o Fermín.

> **Mi robot se llama...**
>
> ¿Es conveniente poner nombres propios a los robots de compañía? Los expertos aconsejaron no hacerlo, para no darles apariencia humana. Sin embargo, una de las primeras decisiones que han tomado las personas usuarias del proyecto al recibir uno de estos robots en su casa, ha sido... ... ¡ponerle nombre!

En definitiva, hay que evitar que las tecnologías reemplacen los vínculos familiares y las conexiones con el entorno, pero hay que aceptar siempre las decisiones y vivencias de las propias personas usuarias.

> **La insustituible naturaleza de los vínculos humanos.** La tecnología puede proporcionar una sensación de seguridad y compañía, pero los vínculos humanos son insustituibles. Los vínculos los dan las personas.

Perspectivas de las personas usuarias y de los y las profesionales

Esta visión general que acabamos de exponer sobre utilidades, limitaciones y riesgos de las tecnologías en el hogar, para personas en situación de dependencia tienen matices que es importante tener en cuenta, si quienes las valoran son las propias personas usuarias, o los y las profesionales que intervienen. A través de entrevistas, grupos focales y encuestas, se han recogido las opiniones y experiencias de ambos grupos, proporcionando una visión integral sobre los beneficios y desafíos del uso de la tecnología en el hogar, que exponemos a continuación.

Perspectiva de las personas usuarias

— **Autonomía y facilidad de uso**:

a) Las personas usuarias destacan que los dispositivos tecnológicos, especialmente los sistemas domóticos y los robots asistenciales, han mejorado su autonomía en el hogar. La posibilidad de controlar dispositivos del hogar a través de comandos de voz o mediante aplicaciones móviles les ha permitido realizar tareas que antes eran difíciles o imposibles sin ayuda.

b) Sin embargo, algunas personas señalan desafíos en la interacción con ciertos dispositivos, particularmente en el uso de comandos de voz, que a veces no son reconocidos correctamente, generando frustración. Esto resalta la necesidad de tecnologías más intuitivas y adaptadas a las limitaciones cognitivas o físicas de los usuarios.

— **Seguridad y tranquilidad:**

a) Los sistemas de seguridad y teleasistencia han sido altamente valorados por las personas usuarias, quienes mencionan que estos dispositivos les proporcionan una mayor sensación de seguridad, especialmente en situaciones de emergencia. Los sensores de movimiento, detectores de caídas y sistemas de geolocalización son percibidos como herramientas clave para vivir de manera independiente y segura en su propio hogar.

b) No obstante, algunas personas expresan preocupaciones sobre la invasividad de estos sistemas, temiendo que puedan vulnerar su privacidad o hacerlos sentir vigilados. Este feedback subraya la importancia de asegurar que los sistemas sean percibidos como acompañantes y no como intrusos.

— **Apoyo emocional y compañía:**

a) Muchas de las personas usuarias destacan el impacto positivo de los robots asistenciales en su bienestar emocional, describiéndolos como una compañía que ayuda a aliviar la soledad. Los robots, como Temi y

Nuka, no solo asisten en tareas diarias, sino que también proporcionan un sentido de compañía y estímulo, lo cual ha sido especialmente valioso en casos de duelo o soledad prolongada.

b) Sin embargo, algunas personas sienten que, aunque la tecnología puede ofrecer un apoyo emocional significativo, no sustituye el contacto humano. Esto refuerza la necesidad de utilizar estos dispositivos como complementos de la interacción social, no como reemplazos de relaciones humanas.

Perspectiva de los y las profesionales

— **Eficiencia en la atención y cuidado**:

a) Los y las profesionales, incluyendo trabajadores/as sociales, terapeutas y personas cuidadoras, consideran que las tecnologías evaluadas facilitan la atención a las personas usuarias, permitiendo una gestión más eficiente de los cuidados y mejorando la comunicación con los y las personas usuarias. La posibilidad de monitorizar la situación de los usuarios de forma remota les ha permitido intervenir con mayor rapidez en casos de necesidad.

b) A pesar de estos beneficios, los y las profesionales también identifican desafíos técnicos, como problemas de compatibilidad entre diferentes dispositivos y la necesidad de formación continua para comprender y manejar las tecnologías de manera efectiva.

— **Integración de la tecnología en los cuidados:**

a) Los y las profesionales subrayan que la tecnología ha permitido una personalización del cuidado, adaptando los dispositivos a las necesidades específicas de cada persona. Este enfoque centrado en la persona ha mejorado la calidad del servicio, permitiendo intervenciones más ajustadas y oportunas.

b) No obstante, advierten sobre la necesidad de equilibrar la dependencia tecnológica con el cuidado humano, evitando que los dispositivos sustituyan los vínculos afectivos y de apoyo entre la persona y su entorno. Los y las profesionales insisten en que la tecnología debe complementar, no reemplazar, el apoyo familiar y comunitario.

— **Riesgos éticos y consideraciones de privacidad:**

a) Los y las profesionales expresan preocupaciones sobre los riesgos éticos de algunas tecnologías, especialmente aquellas que recopilan datos sensibles de las personas usuarias o que podrían ser percibidas como invasivas. La protección de la privacidad y la gestión ética de la información son temas recurrentes en sus valoraciones.

b) Se destaca la importancia de que las personas usuarias sean plenamente conscientes de las capacidades y limitaciones de las tecnologías implementadas, asegurando su consentimiento informado y respetando siempre su derecho a la privacidad y la autonomía.

Límites de la intervención

Es muy importante ser conscientes de los límites de la intervención social en casa de las personas, en este caso de personas en situación de dependencia. En el análisis de casos que hemos realizado, surgen al menos dos límites que han preocupado a los profesionales que han intervenido en el proyecto "Vivir en Casa": substituir recursos que la propia persona ha puesto en marcha, y agobiar con una presencia excesiva en la casa o invadir la intimidad más allá de lo que la persona pueda necesitar a asumir.

No substituir con servicios oportunidades de socialización

Hay personas en situación de dependencia que, a pesar de sus limitaciones funcionales mantienen la capacidad para buscar alternativas ante las dificultades para realizar determinadas actividades básicas de su vida diaria. Y lo hacen, como en el caso que vemos a continuación, con recursos privados, un bar-restaurante del entorno que, además, le ofrece oportunidades para mantener sus vínculos y relaciones.

En casos como estos, ofrecer un servicio institucionalizado, como es el servicio de comida a domicilio o comer en algún centro o institución, no sólo no es necesario y limitante de la autonomía de la persona, sino que le priva de esas oportunidades de relación.

> **Gestor/a de caso 5.** *Cuando empezamos el proyecto, comía todos los días en un bar que hay en el barrio, cerca de su casa, al cual sigue yendo un día semana porque dice que quiere mantener la relación de afecto y de cariño que tiene con la gente del bar.*

Por otra parte, para los/as profesionales de la intervención social siempre ha estado muy claro, que contribuye más a la autonomía personal el mantenimiento de los lazos comunitarios que los servicios de apoyo a las actividades básicas de la vida diaria, de limpieza domiciliaria o incluso de aseo personal.

Así, por ejemplo, se ve claramente en el sistema convencional del SAD excesivamente centrado en ese apoyo a las actividades básicas de la vida diaria y no ha estado tan centrado, y sigue sin estarlo, en las actividades instrumentales de la vida diaria.

Se prescribe muy poco el servicio de ayuda a domicilio para la socialización o para el mantenimiento de los lazos comunitarios. Y cuando en algún caso alguna trabajadora social prescribe la atención domiciliaria para, sencillamente, acompañar a la persona al parque o al centro de día, puede resultar extraño. Pero el nuevo modelo de atención domiciliaria tiene que pasar inexcusablemente por dar servicios para la socialización y para la integración comunitaria. Puede tener muy limpia la persona y la casa y, sin embargo, la persona puede sentirse desgraciada porque no tiene contacto con la comunidad y está sola. El aislamiento, bien lo sabemos, produce desmotivación y agudiza la pérdida de autonomía de la persona, por lo que, a la larga, puede impedir que la persona siga viviendo en casa, a pesar de los servicios que se le ofrezcan.

Estos convencimientos a los que se llega a través del estudio de casos nos empujaron a considerar el enfoque sistémico o, mejor, ecosistémico al que nos hemos referido anteriormente.

Pero está claro, también, que el acompañamiento no es una tarea que las propias personas o sus familiares requieran habitualmente del SAD, como han expresado los profesionales participantes en una sesión de caso.

> **TSC1.** *A la hora de dar un alta en los casos de servicios de ayuda a domicilio, cuando por dependencia se le reconoce ese servicio, te firma un compromiso de colaboración con la familia donde están especificadas todas las tareas que puede realizar la auxiliar, se determina conjuntamente con la familia. Habitualmente no piden la tarea de participación en la vida comunitaria.*

Estos comentarios sugieren la necesidad de un cambio de cultura, que debe comenzar por los propios profesionales que prescriben el servicio, y que debe continuar con una labor paciente de mentalización a las propias personas usuarias y a sus familiares sobre la importancia de las tareas de acompañamiento para la participación en la vida comunitaria.

No agobiar

Existe el riesgo de que nuestra intervención, nuestra presencia en el domicilio, vaya más allá de lo necesario. Y que, en nuestro afán de ayudar, y más en un caso en el que la familia es especialmente colaboradora y motivada, lleguemos a agobiar y ser una carga más, en lugar de una mejora. Por eso es importante ser conscientes de que, a veces, lo mejor que podemos hacer es intervenir lo menos posible, lo imprescindible, y esperar que sean ellos, quienes nos digan si necesitan algún servicio o recurso, creando para ello el clima de confianza adecuado para que nos digan si nos necesitan.

> **Gestor/a de caso 7.** *Si no lo demanda, lo mismo le estamos creando un problema añadido, entonces casi que es mejor esperar a que ellos demanden lo que necesitan.*

Respetar la capacidad de decisión de la persona

Una cuestión es la necesidad de cuidados que una persona tenga, por sus limitaciones funcionales, y algo distinto es su capacidad de decidir. Desde esa perspectiva, una persona que puede decidir es una persona con autonomía, y que siempre hay que respetar. En este caso la persona valora por encima de todo mantener esta capacidad de decidir, aunque ello suponga renunciar a determinados servicios que podrían mejorar su seguridad o su calidad de vida, como la domótica, o incluso la presencia de sus hijos o la alternativa de vivir con ellos. A pesar de lo que el profesional —o los hijos— consideren que es lo mejor para la persona, el respeto a su intimidad en base a su propia decisión tiene que prevalecer y constituye un límite ineludible en cualquier intervención.

> **Gestor/a del caso 13.** *Esta persona tiene muy claro que si un día se tiene que ir a vivir con un hijo o a una residencia será cuando ella no tenga control.*
> *La capacidad de autonomía es la medida en que puedes seguir tomando tus propias decisiones, aunque tengas una limitación importante. Tu grado de dependencia baja muchísimo, a pocos apoyos que tenga. En este caso yo veo muy claro que una de las cosas que la hace en gran medida autónoma es seguir conservando la capacidad de decisión sobre su propia vida.*

Respeto a la intimidad. No ser invasivos

Intervenir en el domicilio de la persona es entrar en su espacio vital, en su espacio de intimidad. Si se trata de una unidad de convivencia, ambos aspectos afectan a varias personas y a las relaciones de convivencia entre ellas. Lo cual nos obliga a ser extremadamente respetuosos al intervenir en casa.

Como no podía ser de otra manera, el respeto a la intimidad o la necesidad de no ser invasivos en la vida privada ha surgido de manera habitual a lo largo de las intervenciones llevadas a cabo en el proyecto "Vivir en Casa", cuya referencia, en todos los casos, era el propio domicilio. Estas son algunas de las cuestiones al respeto, y las reflexiones llevadas a cabo al analizar los casos.

Tecnologías no invasivas de la intimidad

Un exceso de tecnologías que se instalan en casa para garantizar la seguridad de una persona que vive sola, se puede convertir en una excesiva invasión de la intimidad. La sensación de estar controlada, vigilada, de que diversas personas puedan conocer su vida en casa, produce incomodidad. Por eso es muy importante considerar qué dispositivos son imprescindibles para la seguridad, y cuales, a pesar de su utilidad, pueden resultar excesivos o generan sensación de control a la persona. Especialmente en el caso de personas que viven solas y que tienen capacidad para gestionar esta soledad en casa con una importante y efectiva red de relaciones y apoyo vecinal y en el entorno.

> **Gestor/a del caso 4.** *Quiere que estemos atentos por si le ocurre algo, pero no que nos excedamos en el control; él agradece ayuda, pero no le gusta que se esté encima de él ni sentirse vigilado todo el día. Un error puede ser la prescripción de un recurso por encima de las necesidades de la persona.*

Evitar que intervengan muchos profesionales en el domicilio y su excesiva rotación

Cuando queremos dar una atención integral a una persona en situación de dependencia en su casa, a veces conlleva que sean varios los/las profesionales que intervienen en ese domicilio; además de auxiliares del servicio de ayuda a domicilio, también profesionales (educadores, psicólogos, logopedas, trabajadores sociales…), y el/la gestor/a de caso. Hay que ser conscientes de que, cada uno de ellos, cada una de estas personas, entra —"invade"— el espacio de intimidad. Desde el punto de vista del profesional del servicio, su presencia en casa está limitada al tiempo necesario para llevar a cabo la intervención o las tareas que le corresponden. Desde el punto de vista de la persona usuaria y de sus convivientes, si los hubiere, es el tiempo que está ese profesional, y después otro, y otro, y servicios ambulatorios. La sensación de falta de intimidad es inevitable, con la incomodidad que conlleva, que puede derivar en un rechazo generalizado a la intervención.

Otro tanto ocurre cuando se producen cambios frecuentes en las personas que llevan a cabo el servicio, de manera especial en el caso de los/as auxiliares de hogar del servicio de ayuda a domicilio, ya que nuevas personas entran en el espacio de intimidad obligando a la persona usuaria y a sus convivientes a adaptarse a la misma. No hay que olvidar que la confianza es algo esencial para intervenir o para realizar cualquier tarea que deba llevarse a cabo en casa de la persona.

En definitiva, la intervención en casa debe ser extremadamente rigurosa a la hora de limitar el número de profesionales que intervienen y los cambios en las personas que realizan las tareas. Valorar estos aspectos y dimensionarlos adecuadamente con las necesidades de intervención, es una de las tareas esenciales del profesional de referencia y del gestor o gestora del caso.

> **Gestor/a del caso 13.** *En el caso de esta persona, como en otras, la rotación de su auxiliar de ayuda a domicilio, con el cambio de horas ha sido engorroso, porque le adjudicaron muchas sustituciones, con personas distintas. Eso generaba mucha incomodidad e inseguridad en la persona usuaria.*

Reflexiones finales sobre el servicio de ayuda a domicilio

El SAD es un servicio esencial para la permanencia de las personas en situación de dependencia en su casa. Por eso fue objeto de interés en la evaluación del proyecto "Vivir en Casa". Estas son algunas de las consideraciones expresadas en el documento de evaluación del proyecto al respecto:

— El SAD puede ser un servicio útil para personas de Grado I (dependientes moderados). En el caso de Grandes

Dependientes o Dependientes Severos, sólo es útil como apoyo a la persona cuidadora.

— Para que el SAD sea eficaz, ha sido necesario incrementar el número de horas que recibían las personas usuarias por su situación de dependencia, desde el proyecto "Vivir en Casa", persiguiendo mejorar el bienestar de las personas usuarias.

Un aspecto que debe tenerse en cuenta el servicio de ayuda a domicilio es coordinar el número de personas diferentes que entran en una casa. El domicilio es un espacio de intimidad, y hemos detectado que se produce un rechazo cuando son varias las personas diferentes que intervienen en el mismo. Es el caso de los cambios de auxiliar, las substituciones, etc. Por eso es muy importante evitar al máximo las rotaciones. Debemos tener siempre en cuenta el carácter invasivo que pueden tener las intervenciones en el hogar de una persona en situación de dependencia; y no sólo por parte del personal del servicio de ayuda a domicilio, sino el resto de las personas relacionadas con la intervención (trabajador/a social, gestor/a de caso) o con los diversos servicios que se pueden prestar en el domicilio. Es muy importante limitar al máximo imprescindible las personas diferentes que acceden al domicilio.

Hemos podido constatar, así mismo, algunas circunstancias, en relación con el SAD, que limitan su utilidad:

— Algunas afectan al personal que presta el servicio, como puede ser la falta de formación necesaria para adaptarse a las necesidades particulares de cada persona usuaria.

— La limitación de tareas a realizar es otro de los condicionantes del servicio.

— La coordinación de horarios con las rutinas de la persona usuaria o de sus convivientes o familiares.

— La incompatibilidad con otros servicios del catálogo de la dependencia

Estas características del SAD pueden poner en riesgo este servicio frente a alternativas como la prestación económica de cuidados en el entorno familiar si, como se está haciendo en algunas Comunidades, su cuantía se incremente notablemente para quienes contraten su propio auxiliar de hogar al menos a media jornada. Eso permitiría a la persona usuaria y a sus familiares adaptar este servicio a sus necesidades específicas. Puede resultar una alternativa al SAD, si se asegura un control profesional de los cuidados.

En definitiva, para que el servicio de ayuda a domicilio pueda mantenerse como un servicio de utilidad para la permanencia en su casa de las personas en situación de dependencia, es necesario que aumente su intensidad horaria y, sobre todo, que flexibilice sus prestaciones, adaptándose las necesidades específicas de la persona y su familia, y que sea compatible con otros servicios. De no ser así, es previsible que vaya perdiendo su utilidad.

INTANGIBLES. EMOCIONES Y SENTIMIENTOS

Al diseñar una intervención social con una persona en situación de dependencia, con el objetivo de lograr su permanencia en casa con los cuidados que necesite, no se pueden olvidar aspectos que no son tangibles y objetivables, como lo es su grado de dependencia, las condiciones del hogar, las persona que conviven o que le proporcionan algún tipo de cuidados o compañía. Hay intangibles que tienen que ver con las emociones y sentimientos, con los temores o expectativas. La sensibilidad del profesional que diseña la intervención, que realiza el acompañamiento y su evaluación, es esencial para percibir estos intangibles, como ponen de manifiesto las siguientes reflexiones sobre algunos de los casos en los que se ha intervenido desde el proyecto.

Soledad en fines de semana

Quizás porque nuestra jornada laboral es, normalmente de lunes a viernes, tenemos la tendencia a organizar los recursos en ese tiempo, y nos olvidamos de los fines de semana. Puede ocurrir así, que en el domicilio de una persona que vive sola haya cierta presencia de profesionales que intervienen en los diferentes servicios que recibe, pero que el fin de semana la soledad sea completa, y que nadie visite ese domicilio. La sensación para la persona puede ser muy dolorosa, aunque no lo llegue a expresar así, quizás contagiada por la rutina de que los servicios se prestan de lunes a viernes.

En algún caso, las señales que alertaron al gestor/a de caso y al equipo de esta soledad en fines de semana fue a raíz del análisis de un dispositivo domótico, los sensores de la puerta de casa. Y conscientes de ello, pudieron al menos intentar paliar esa soledad en los fines de semana con una cierta presencia profesional (auxiliar de ayuda a domicilio el sábado), con una voluntaria y haciendo consciente a sus familiares de la necesidad de acompañamiento, especialmente durante el fin de semana.

Gestor/a del caso 1. *Detectamos en los análisis de sensores que la puerta de su casa se abría mucho menos. Esto nos ha permitido intervenir para que los fines de semana reciba algún servicio de acompañamiento.*

Temor a los pilotos rojos encendidos y a los numerosos enchufes

Puede parecer un temor extraño, pero es real, como se expresa en los dos casos que vemos a continuación. No son los únicos en los que se ha apreciado el temor a cualquier "pilotito rojo", a cualquier dispositivo que esté enchufado o a la multitud de enchufes. Algo aparentemente tan extravagante puede estar en la base del rechazo de algunos usuarios a determinados dispositivos tecnológicos que podrían ser de gran utilidad para su seguridad o para otros aspectos de su vida en casa. Algo que difícilmente van a verbalizar. Pero no detectarlo puede llevarnos a buscar explicaciones en otras causas o motivos del rechazo, que realmente no lo son. Sin olvidar que a estos miedos también se añade los costes que piensan pueda tener sobre la factura de la luz, el tener tanto enchufe y tanto piloto encendido de manera permanente; es otro temor que condiciona la aceptación de dispositivos tecnológicos en casa.

> **IVEC.** *Hemos constatado que a algunas personas les da miedo las cosas van conectadas a la electricidad, sea por cuestiones de seguridad o de gasto.*

> **Gestor/a del caso 15.** *Ha costado introducir la domótica en la casa, porque, "todo lo que se enchufa puede ser potencialmente peligroso". Ahora la ve como algo que le proporciona seguridad (…)*

Reflexiones finales sobre los intangibles: las emociones y los sentimientos

Los aspectos emocionales suelen ser, con frecuencia, poco tenidos en cuenta. Y, sin embargo, tienen un peso importante —en ocasiones, determinante— a la hora de valorar si la persona quiere y puede seguir viviendo en su propia casa, o los servicios y recursos que necesita para ello.

Entre las emociones, hay que hacer referencia al miedo, un sentimiento muy común a personas en situación de dependencia que viven en su propio domicilio, especialmente a quienes viven solas. Es necesario **crear un entorno que les brinde confianza y seguridad**, sobre todo durante la noche, ya que el **miedo a la noche** afecta mucho a estas personas.

Miedo a la noche

Es un sentimiento que afecta a muchas personas en situación de dependencia que viven solas, y que puede condicionar su decisión de seguir viviendo en su propio domicilio.

Existen dispositivos tecnológicos que pueden ser útiles para dar seguridad, pero siempre como complemento a personas que puedan hacerse cargo y responder a cualquier situación que pueda producirse, para que la persona en situación de dependencia, además de tener alternativas ante situaciones de riesgo día y noche, tenga también **la sensación** de no estar sola.

Situaciones de aislamiento y soledad

Es frecuente que en personas en situación de dependencia que viven solas, se puedan generar situaciones de aislamiento que dificulten su permanencia en casa, por la falta de vínculos efectivos en la propia casa y con el entorno. Esta falta de vínculos afecta tanto a su seguridad como a su estado emocional.

Por otra parte, los sentimientos de soledad se manifiestan de manera distinta en las diferentes personas, así como su interés por retomar o no algún tipo de vínculo personal o sus relaciones con el entorno. Situaciones que superan las artificiales clasificaciones de soledad como deseada o no deseada.

El desarrollo del proyecto "Vivir en Casa" se ha enfrentado a varias de estas situaciones, que han sido analizadas en diferentes sesiones de caso, tal y como a continuación se reflejan.

Cuando el aislamiento afecta a la persona cuidadora: Rutinización de los cuidados e incapacidad de superar esta situación

En ocasiones al aislamiento lo sufre la persona cuidadora, son situaciones que deben ser detectadas para poder intervenir adecuadamente. En estos casos se observa una rutinización del comportamiento; que en realidad esconde una estrategia defensiva de la persona cuidadora. Porque cuando una persona se enfrenta a una situación de ansiedad, como cuidar a un familiar que depende tanto de ella, ritualiza su actividad diaria. Y eso le permite no pensar, sencillamente, hacer, hacer, y hace. Cuando se le propone un recurso para el respiro y para salir de esa rutina, puede ocurrir que se le cree inseguridad, además de provocarle también sentimientos de culpa, porque se enfrenta a tener que pensar si lo que está haciendo en ese momento está bien o está mal, mientras que la rutina no plantea ese dilema, la rutina es algo instalado, no tiene que pensar, solo hacer y ya está.

Culturalmente el cuidado y sobre todo mujeres es una obligación irrenunciable y eso significa una presión cultural muy fuerte.

> **Gestor/a del caso 14.** *Para la cuidadora principal, la única forma en que se relaja y está bien es cuando salen toda la familia, ella se siente protegida y entonces ya se puede relajar. Lo he encontrado en este caso, pero que creo que se repite en las cuidadoras, sobre todo mujeres.*

Soledad voluntariamente asumida

No se pueden imponer las relaciones sociales o los vínculos más allá de lo que la persona decide, por encima de la opinión del profesional o de los familiares. Se puede especular sobre los motivos que llevan a esta persona a preferir vivir sin más relaciones que las necesarias, recluida en su casa, pero, de hecho, es lo que ella desea y expresa. El debate sobre si la soledad es deseada o no deseada no tiene ninguna importancia en este caso, cuando lo que hay que hacer es respetar la decisión de la persona.

> **Gestor/a del caso 13.** *Tiene una tendencia cuando se encuentra mal al aislamiento, o sea, si se encuentra mal, tú la llamas y no te coge el teléfono. Ella dice "que el mundo me deje en paz, que yo ya tengo bastante con atenderme, es mi malestar", y se aísla voluntariamente.*

Reflexiones finales sobre situaciones de aislamiento y soledad

Las relaciones vecinales son un factor importante para la calidad de vida de las personas en situación de dependencia y, por ello, merecen una especial atención en la evaluación del proyecto.

Vivir en casa no significa vivir en aislamiento. Es la oportunidad de vivir en sociedad, de formar parte de un entorno vecinal, de barrio o pueblo en el que disfrutar de relaciones directas, de proximidad. Un entorno en el que la persona ha desarrollado su vida, una prolongación de su propia casa.

Importancia de la intervención comunitaria

Las relaciones vecinales son la prolongación de la vida en casa. Imprescindible para evitar el aislamiento y la soledad.

Para las personas que viven situaciones de aislamiento o soledad, lograr la implicación del vecindario es de gran importancia para su vida social y para su seguridad.

La colaboración del comercio de proximidad es un hito importante en este objetivo.

Por todo ello, es necesario abordar una intervención comunitaria para sensibilizar y motivar esta colaboración vecinal.

La vecindad ofrece oportunidades de relación, y también oportunidades de ayuda y un espacio de seguridad de gran importancia para personas en situación de dependencia, especialmente para las que viven solas.

El proyecto "Vivir en Casa" no tuvo en cuenta en su inicio esta importante dimensión de la vida de las personas usuarias, sino que la incorporó a lo largo de su desarrollo, tras las sesiones de evaluación intermedia que se llevaron a cabo. Esta importante dimensión de la vida de las personas usuarias. A partir de lo cual se han adoptado medidas para abordarla con el interés que merece. En este caso, no se trata de aportar servicios o tecnologías en el domicilio, ni tampoco de incorporar voluntarios/as. La buena vecindad requiere una intervención en el entorno, una intervención comunitaria, para conseguir actitudes solidarias. Eso añadió una dimensión nueva al proyecto: el trabajo comunitario, de sensibilización y la motivación del entorno para que el vecindario entienda la importancia de las relaciones de proximidad, para evitar el aislamiento. Porque, en definitiva, será en interés de todos/as. Para lograr un entorno inclusivo, en el que, muy especialmente, las personas en situación de dependencia y, en particular, aquellas que viven solas, puedan encontrar compañía y seguridad.

En este objetivo, además de las personas que viven más próximas, es importante sensibilizar y conseguir la colaboración del comercio de proximidad: panaderías, peluquerías, farmacias, supermercados, "el bar de la esquina"…, son lugares de gran importancia en la vida de las personas, que no sólo satisfacen necesidades básicas sino que también juegan un papel importante en detectar necesidades o cambios en la situación o en el estado de ánimo de las personas, por lo que pueden ser de gran ayuda para la integración y la seguridad de las personas que por edad o por otras circunstancias, pueden ser vulnerables o vivir situaciones de aislamiento o soledad.

Por todo ello, resulta imprescindible abordar esta intervención comunitaria para lograr entornos inclusivos en el barrio, motivando la buena vecindad y la colaboración del comercio de proximidad.

Hay que tener en cuenta que los resultados de esta intervención no son inmediatos, y que requieren una actividad continuada en el territorio. Esta circunstancia es la que hace que, más allá de estas reflexiones, el proyecto "Vivir en Casa" no hay podido ofrecer resultados que orienten la intervención comunitaria en el entorno.

ALGUNAS DEBILIDADES SISTÉMICAS

La intervención social se desarrolla en el marco de los sistemas públicos, en este caso del Sistema Público de Servicios Sociales y, de manera específica, en el Sistema de Atención a la Dependencia. De ahí que, inevitablemente, el proyecto "Vivir en Casa" ha tenido que llevarse a cabo con los recursos, procedimientos y oportunidades de estos Sistemas, así como con sus limitaciones y deficiencias. Como proyecto piloto, por su carácter experimental, en los casos en los que se ha intervenido ha sido posible superar, al menos en algunos aspectos, las limitaciones que establecen estos Sistemas. En otro caso estas limitaciones han sido insalvables o han condicionado la intervención, como se ha puesto de manifiesto al analizar los casos en los que se ha intervenido.

A lo largo de las sesiones de análisis de casos realizado, los gestores y gestoras de caso han ido planteando cuestiones de dificultad que aludían, no ya a la intervención concreta frente a este o aquel problema en cada caso, sino a debilidades genéricas del Sistema de Atención a la Dependencia que atraviesan transversalmente a la generalidad de los casos.

Los y las gestoras de caso han comprobado y el resto de los profesionales ha constatado, cuando las han expuesto, que tales dificultades afectan de forma globalizada incluso a la atención domiciliaria que se ha prestado desde el Proyecto "Vivir en Casa". Ello, aún a pesar de su condición extraordinaria de proyecto de investigación y aun a pesar de disponer, por ello, de recursos extraordinarios y gestionados de forma extraordinaria con respecto a la atención domiciliaria convencional que se presta desde el sistema.

La importancia de los efectos de las dificultades detectadas sobre el nivel de calidad de vida auto percibido por las personas usuarias y, en consecuencia, sobre la decisión de mantenerse en el domicilio o buscar alternativas en la institucionalización, hace que sea difícil sortear siquiera su mención, aunque el objetivo principal del trabajo realizado analizando los casos no haya sido poner en cuestión el SAD.

Tres dificultades centrales han sido características de la práctica totalidad de los casos. Elementos cuya ausencia ha determinado un incremento de la dificultad que el proyecto se ha encontrado para mantener a la persona en su domicilio: a) Flexibilidad; b) Intensidad; c) Compatibilidad.

Somos conscientes de que no añadimos con esto nada nuevo, dado que en multitud de informes y análisis de profesionales, investigadores y académicos ya han resaltado estas características como lastres de nuestro Sistema de Atención a la Dependencia. No obstante, no renunciamos a señalarlos aquí primero por la especial insistencia de los profesionales en que lo hiciéramos, pero, además, por la importancia que pueda tener, no solo su constatación en casos reales sino, sobre todo, por la importancia que pueda añadirle el hecho de su especial incrustación en el mapa conceptual de la atención domiciliaria, incluso hasta el extremo de producirse en un contexto de investigación y de disposición extraordinaria de recursos.

Flexibilidad

Si algo tenemos claro todos y todas quienes nos dedicamos a la atención de personas en situación de dependencia es el alto nivel de incertidumbre o susceptibilidad en el que ven sumidas sus vidas estas personas. Realmente, en todos los casos de dependencia, unos más otros menos, se pierde, con el tiempo, una parte creciente de dominio y control sobre el desarrollo de su vida diaria, lo que llamamos autonomía y, más allá, autodeterminación.

Lógicamente, teniendo a la persona como centro, la intervención de los profesionales debe ir dirigida a preservar al máximo de lo posible, incentivar y respetar la expresión de esa autodeterminación, pero a pesar de ello, nuestra forma de vida con todas sus circunstancias se suelen conciliar para oponerse a esto. La vida deja de transcurrir siempre y para todo según cada uno quiera ordenarla y tiende a llenarse, de forma en gran parte impredecible, de sucesos, estados, circunstancias, decisiones de familiares, determinaciones de profesionales,... sobre los que tenemos poco o ningún control.

Por otro lado, si cada persona es un mundo, como solemos decir para indicar que debemos adaptar la intervención a las características de cada caso, con mayor razón podemos afirmar que cada hogar, que cada domicilio es "otro mundo": Ni todas las personas con Grado II necesitan idéntica atención domiciliaria, ni todas las personas con Grado II que conviven con su pareja constituyen hogares iguales.

Atender a personas vulnerables para mantener o mejorar su grado de autonomía y apoyarlas en su dependencia en las circunstancias que acabamos de describir siquiera brevemente, necesita de herramientas y capacidades de intervención susceptibles de ser adaptadas permanentemente en todo, en intensidad, en horario, en contenido, en condiciones ambientales e incluso en el lugar que haya que considerar el domicilio de la persona en cada momento (como en el caso que veremos a continuación) y, además, hacerlo todo el tiempo y a veces sin posibilidad de anticiparlo.

En estas circunstancias y en estos contextos vitales y relacionales, una prestación que se prescribe hoy y que, en el mejor de los casos, ha sido acordada en sus límites y condiciones por los equipos profesionales correspondientes y la persona afectada, pero que para ser modificada necesita la superación de varios niveles de decisión y de todo un procedimiento administrativo que puede alargarse no ya días sino meses, obviamente no es lo que la persona dependiente necesita.

Esto ha sucedido en casos que ya hemos comentado, cuando la persona usuaria que estaba recibiendo una ayuda a domicilio en su hogar, ve interrumpida la atención de la auxiliar de atención domiciliaria por considerar la empresa que su lugar de intervención es exclusivamente el domicilio de la persona, sin plantearse que el domicilio de esta usuaria durante el tiempo de ingreso, es el hospital y que, por tanto, conceptualmente no debería de haber ningún tipo de problema en adaptar el servicio a las circunstancias de la persona.

> **TSC1.** *Hoy por hoy, como en la normativa que tenemos vigente ... no existe la tarea de acompañamiento hospitalario como tarea de la ayuda a domicilio ... Ahora es cierto que algunas empresas lo han incluido en su oferta como mejoras al pliego, pero siempre con una autorización previa del trabajador social. (...)*

Esta afirmación da prueba de la rigidez sistémica de la atención a la dependencia y cómo para resolver una incidencia que surge en un servicio de los cientos que pueda haber con unas horas de servicio de las miles y miles que puedan darse en la ciudad en cuestión, es decir, a nivel muy micro, se tiene que llegar a decisiones de carácter macro.

Parecidas dificultades de rigidez normativa y organizativa nos hemos encontrado, por ejemplo, en otros casos en los que la provisión de servicios a la persona titular de los mismos se hacía imposible porque esta persona no podía dejar solo o sola a su pareja que, aun no teniendo valoración de dependencia, era prácticamente dependiente severo de la primera y necesitado de los mismos servicios. Solo la circunstancia especial de formar parte del Proyecto "Vivir en Casa" ha hecho posible que alguna persona dependiente sin valoración de dependencia pudiera acompañar a la titular para que así ésta accediera a los servicios a los que tenía derecho.

TSC2. *Muchas veces a lo mejor empezamos con un recurso necesario en su momento y tiene que existir flexibilidad y cambios en esos recursos porque terminan necesitando otros diferentes. En ocasiones tenemos que ser ágiles a la hora de cambiar recursos porque cambian las circunstancias y el cambio de recurso tiene que ser ágil y rápido según el proceso de la persona.*

Coordinación. *Y, además, como conclusión, es la excesiva rigidez del concepto de atención domiciliaria al que hemos llegado que no se compadece en absoluto con las necesidades de cada una de las personas a las que estamos atendiendo estén en el hospital o en casa.*

Otras veces, la falta de flexibilidad general del sistema se ha apreciado en el sentido contrario, al de necesitar aumentar horas o servicios. Efectivamente, es inconveniente para la persona usuaria la rigidez del sistema que impide que, a esa persona, si las necesita, se le prescriban 22 horas al mes en lugar de las 20 que es el tope de horas de su grado de dependencia.

Intensidad

Una vez realizado el diagnóstico de cada caso por el gestor o gestora correspondiente y los ingenieros de domótica y robótica y puesto en común con los y las profesionales de referencia de los servicios sociales comunitarios, desde el Proyecto "Vivir en Casa" se han podido prescribir, por un lado los dispositivos robóticos, domóticos e informáticos de que ha dispuesto el Proyecto (Ver Anexo III) y, por otro, una serie de servicios y recursos de atención personal.

De entre estos últimos destaca, cómo no, la propia ayuda a domicilio personalizada (en contenidos, horarios y cadencias) sobre la que ya estuviera percibiendo en su caso la persona usuaria y aumentada sobre la misma en su intensidad en términos de número de horas y de auxiliares participantes.

El proyecto, en efecto, podía asumir los costes del aumento de horas de ayuda a domicilio o del número de auxiliares participantes (en algún caso) para completar o complementar el número de horas establecidas por los servicios sociales inicialmente según el Programa Individual de Atención (PIA) realizado para la persona en cuestión. Y este aumento de intensidad, en todos los casos por aplicación de la metodología del proyecto, se producía no de una forma aleatoria o serendípica, sino por un acuerdo o consenso interprofesional entre los y las profesionales de referencia y los y las gestores de caso en un contexto de ausencia de límites o "topes" en cuanto a la intensidad del servicio que proporcionaba el Proyecto (al contrario del consuetudinario de los servicios sociales convencionales, que tienen topado el número de horas según el grado de dependencia).

La realidad del resultado de esta práctica ha sido, como se refleja con claridad en el debate establecido por los profesionales en la práctica totalidad de los casos.

Gestor/a del caso 16. *De hecho, el aumento de la intensidad de la ayuda a domicilio para algunos casos ha sido un incentivo para su participación en el proyecto, o sea, alguno de los casos, en realidad, cuando se les ha planteado participar en el proyecto, lo que han visto de ventaja sobre todo lo demás y los ha animado a participar del Proyecto ha sido la posibilidad del refuerzo de ayuda a domicilio porque lógicamente lo que tenían les resultaba insuficiente.*

Compatibilidad

La compatibilidad entre prestaciones del sistema de atención a la dependencia ha sido desde el primer momento de creación de este una de las reivindicaciones de profesionales y asociaciones de personas usuarias. En realidad, la base conceptual del planteamiento es que la persona dependiente pude necesitar a lo largo del día uno o varios y diferentes prestaciones y servicios del sistema.

De modo que es de toda lógica que, por ejemplo, si una persona está recibiendo unas horas de ayuda a domicilio para ayudarla a levantarse y para el aseo personal, nada debería impedir que, recibidos estos cuidados en el domicilio, pudiera asistir a un centro de día en el que va a recibir un cuidado integral incluyendo la comida y el control de la medicación durante buena parte del día y que, una vez fuera de tal centro de día, pudiera recibir de nuevo un apoyo domiciliario para la cena y la preparación para la noche.

Igual se podría decir de una persona encamada cuya cuidadora o cuidador principal percibe una prestación económica por cuidados en el entorno familiar y, al mismo tiempo, cuenta con un apoyo domiciliario dos veces al día para la movilización y prevención de escaras.

O como en casos en los que la familia cuenta con una prestación económica para cuidados en el entorno familiar (PECEF) que, en Andalucía, solo es compatible con la teleasistencia y que por tanto es imposible complementarla con horas de ayuda a domicilio o una prestación vinculada a algún servicio.

De nuevo, los profesionales participantes en el estudio de casos son conscientes y han dejado claro a lo largo de las diferentes sesiones de trabajo, de que sus aportaciones en este tema que van en la dirección de la conveniencia de la compatibilidad total no añaden nada nuevo porque, igual que las otras dos debilidades sistémicas aquí expuestas ya han sido reivindicadas y puestas de manifiesto por todo tipo de expertos y de personas afectadas.

Algunos sesgos de género

Es de conocimiento general que el mundo de los cuidados en general y, dentro de ellos, el de los servicios sociales a personas en situación de dependencia es un mundo fuertemente feminizado.

En las primeras muestras halladas por los arqueólogos de Atapuerca se ha podido deducir que tanto en el *Homo Antecessor* como en el *Heidelbergensis* se daban tareas de cuidado por parte del grupo a miembros vulnerables del mismo. A pesar de que en tales muestras (y en otros yacimientos tampoco) nada ha indicado que tal cuidado estuviera encomendado a las hembras del grupo, en nuestra cultura la vinculación de las mujeres al cuidado y atención de las personas vulnerables de la unidad familiar se instaló en lo más profundo de la división de roles de género.

Era lógico y esperable encontrar en el análisis de los casos los habituales sesgos de género dada esta alta feminización del sector tanto desde el punto de vista de la implicación de los miembros de la familia, cuanto desde el punto de vista de la distribución porcentual de mujeres y hombres profesionales. Esto, por archiconocido, no hubiera merecido un amplio debate entre los profesionales más allá del comentario o la constatación puntual de tales sesgos.

Sin embargo, sí se han puesto en evidencia y han merecido la reflexión más profunda de los profesionales algunas tendencias observadas que, por menos aparentes, merece la pena que sean destacadas:

TSC1. *Un tema que tratar es el de la brecha de género porque lo que nos encontramos y ya lo hemos señalado en otros casos, es que a las mujeres se las valora como más autónomas, sencillamente porque se fuerzan, así mismas, a ser más autónomas, porque culturalmente se hacen cargo siempre de los cuidados de ellas y de los demás, pero no porque realmente sean más autónomas.*

TSC2. *La mujer generalmente ha sido más autónoma porque ha sido la que ha estado al cargo de los cuidados del hogar, pero al hombre le preguntan en la entrevista: ¿sabe cocinar? Y responde "no"; ¿sabe limpiar? Y responde "no"; ¿sabe planchar? Y responde "no"; ¿sabe poner una lavadora? Y responde "no". Entonces es más fácil, potencialmente, que le den grado de dependencia a un hombre que a una mujer, porque, en efecto, es que son más dependientes, pero claro, tendría que algún tipo de consideración respecto del posible sesgo de género.*

Otras veces el sesgo de género se nos ha manifestado en el reparto de tareas de cuidado entre los cuidadores familiares. Parece que el hecho de que, en el modelo de atención domiciliaria ensayado en el proyecto, haya tareas relacionadas con los aparatos domóticos, su funcionamiento y mantenimiento y/o con dispositivos electrónicos o informáticos en algunos casos, puede ser la única vía de conexión de los integrantes de la familia de género masculino con el programa de cuidados que necesita la persona dependiente.

Coordinación. *Es curiosa la afirmación ...de que ... se observa sesgo de género en cuanto a que los cuidadores de género masculino se vinculan más con la tecnología que las cuidadoras de género femenino, que se centran más en lo relativo a la prestación de los servicios relacionados con los cuidados.*

Permanencia en casa versus ingreso en residencia

El Proyecto "Vivir en Casa" se planteó para lograr que personas en situación de dependencia pudieran seguir viviendo en su casa, adoptando para ello diversas medidas, como incorporación de tecnologías innovadoras al hogar, ampliación y adaptación de servicios y nuevas formas de intervenir. Por eso, cuando ha sido necesario afrontar situaciones en las que, a pesar de todo, se hacía inviable la permanencia de una persona en su casa, a juicio de los/las profesionales intervinientes, se ha llevado a cabo una profunda reflexión sobre las causas de las circunstancias que, de alguna manera, suponen un límite a la intervención en casa.

Son situaciones que deben afrontar, con frecuencia, los y las profesionales, fundamentalmente de la atención primaria de servicios sociales, a la hora de valorar si una persona en situación de dependencia puede permanecer en su casa o si requiere una alternativa residencial, tal y como las que planteamos a continuación.

Valorar que una persona no puede seguir viviendo en su casa, más allá de lo que la propia persona quiera o de la opinión de sus familiares o convivientes, es una decisión complicada, que siempre ha de estar bien fundamentada y ser explicada a todas ellas, porque se trata de algo trascendente para la vida de la persona y para su entorno.

Pero, llegado el caso, la opinión generalizada por parte de los y las profesionales es que hay que asumir la responsabilidad de plantear el ingreso en una residencia siempre que la persona en situación de dependencia no pueda estar adecuadamente atendida en su casa, o cuando la sobrecarga limite mucho a los y las familiares, especialmente a quienes conviven con ella. Unas dudas que han surgido inevitablemente a los/las profesionales del proyecto cuando se han planteado estas situaciones:

> **Gestor/a del caso 3.** *Me surge la duda de si este hombre no estaría mejor en un centro residencial. Realmente no lo sé, porque yo he detectado que, a pesar de su difícil situación, él está bien en casa. Dido que esté mejor en un servicio residencial.*

Reflexiones finales sobre las limitaciones de una persona en situación de dependencia para vivir en su casa

Las conclusiones a las que llegaron los profesionales directamente implicados en el proyecto, gestores/as de caso, y que constan en la evaluación de este, respecto a las consideraciones a tener en cuenta para decidir si una persona puede continuar viviendo en su casa o no, son las siguientes:

— La permanencia en casa es inviable, al menos actualmente, en las siguientes circunstancias:
  a) Grandes dependientes (grado III) que vivan solas.
  b) Dependientes severos (grado II) que tengan afectada de manera importante su capacidad para tomar decisiones, y que vivan solas.

— La permanencia en casa de una persona en situación de dependencia tampoco es posible o no debe ser apoyada cuando afecte de manera grave la salud física o mental de un/a conviviente, incluso cuando esta persona exprese voluntad de realizar las tareas de cuidados que requiere. Es decir, cuando el riesgo de desatención hacia la persona en situación de dependencia y el riesgo para las otras personas, incluso para aquellas que no son responsables directas de los cuidados, es elevado.

Estas son las circunstancias que consideramos que **hacen inviable la permanencia en casa**, al menos con la capacidad actual de los servicios, recursos y tecnologías. **En el resto, si una persona en situación de dependencia desea, pero no puede, seguir viviendo en casa, constituye un fracaso del Sistema.**

EPÍLOGO. MAPA CONCEPTUAL

Como colofón de este análisis de casos basado en la experiencia del proyecto "Vivir en Casa", exponemos el Mapa Conceptual de la intervención social con personas en situación de dependencia que desean vivir en su casa, elaborado en la evaluación del proyecto.

Tres dimensiones de la intervención con personas en situación de dependencia para favorecer su permanencia en el hogar (y una cuarta e imprescindible dimensión)

Estas son las dimensiones a través de las cuales puede lograrse la permanencia en el hogar de una persona en situación de dependencia:

TECNOLOGÍAS	SERVICIOS	RELACIONAL
Equipamiento domótico y robótico	En casa Ambulatorios Alojamiento temporal	Convivientes / familia Entorno vecinal Voluntariado

REHABILITACIÓN

El catálogo de equipamientos, servicios o intervenciones que pueden contener cada una de estas dimensiones, son, por así decirlo, los ladrillos de la intervención que una persona en situación de dependencia puede necesitar para permanecer en su hogar, compensando las limitaciones funcionales, en los cuidados por parte del entorno familiar, de sus relaciones y apoyos vecinales o las condiciones de la propia vivienda.

Destacamos que todas ellas —tecnologías, servicios y relaciones—, tienen que compartir una dimensión rehabilitadora, es decir, promover la autonomía personal, no de suplantar o reducir las capacidades de la persona, ni siquiera limitarse a compensar o evitar su deterioro. Siempre hay que tener la perspectiva de tratar de recuperar capacidades para la autonomía personal; a cualquier edad. Esta referencia da sentido a las estrategias que pretendan hacer posible la permanencia de la persona en casa, su autonomía: el desarrollo tecnológico, los servicios y las relaciones han de contribuir a aumentar la autonomía de la persona.

Pero falta la argamasa para que no sean piezas sueltas, sin consistencia. El bosón de Higgs que da masa al resto de partículas elementales en este universo de intervención social con personas en situación de dependencia en su hogar.

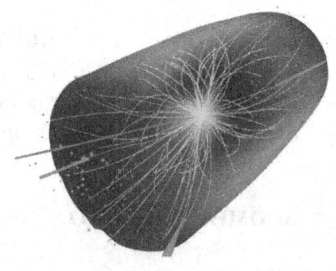

La singularidad de cada caso requiere una respuesta igualmente singular, *ad hoc*, que no sólo integre (acumule) equipamientos y servicios, sino que los haga confluir en cada caso. Sin perder de vista que cada caso, a su vez, tiene su propia evolución, que las circunstancias personales y del entorno familiar y relacional son cambiantes y que, por ello, es imprescindible un acompañamiento que pueda adaptar la intervención a estos cambios con la inmediatez requerida, modificando, ampliando, eliminando los equipamientos o servicios implicados.

Este acompañamiento intensivo y de proximidad constituye la cuarta e imprescindible dimensión para la eficacia del resto. La argamasa que une de manera flexible todos los elementos implicados. El bosón de Higgs del universo de esta intervención.

En consecuencia, la experiencia del proyecto "Vivir en casa" permite plantear el siguiente **mapa conceptual** de la intervención para lograr la permanencia en su hogar de la persona en situación de dependencia, partiendo de **la singularidad** de su situación definida por la valoración integral de sus circunstancias personales, relacionales y de su entorno y vivienda.

Limitaciones funcionales / ámbito relacional / Emociones / Condiciones de la vivienda		
TECNOLOGÍAS	**SERVICIOS**	**RELACIONAL**
Equipamiento domótico y robótico	En casa Ambulatorios Alojamiento temporal	Convivientes / familia Entorno vecinal Voluntariado
ACOMPAÑAMIENTO		
REHABILITACIÓN		

ANEXO I: PRINCIPIOS OPERATIVOS DEL MODELO "VIVIR EN CASA"

La aplicación del modelo "Vivir en Casa", en la práctica se caracteriza por los siguientes 10 principios operativos:

I. Implantación de la figura del/la Gestor/a de Caso como profesional diferenciado del profesional de referencia de los servicios sociales comunitarios. Se trata de profesionales con titulación de Grado, y con conocimientos y experiencia en la materia que asumen la interlocución directa con los/las profesionales de referencia de los servicios sociales para el diseño y puesta en marcha del proyecto individualizado de atención domiciliaria, para su seguimiento y para la adaptación progresiva y permanente del mismo a las necesidades y decisiones de la persona atendida.

Se responsabilizan igualmente de la integración del conjunto de servicios prestados en cada caso incluyendo los de las y los auxiliares de ayuda a domicilio, de su información sobre los recursos y servicios determinados en cada caso y de su formación y asesoramiento sobre el uso de los dispositivos tecnológicos implantados en cada hogar.

Son, además, intermediarios/as entre la familia, las entidades o empresas prestadoras de los servicios, y la persona usuaria, garantizando e incentivando la autodeterminación de la persona atendida detectando necesidades en ella y en el personal que la atiende y coordinándose con los distintos servicios para procurar una atención integral.

Se mantienen en contacto directa y permanentemente con el profesional de referencia de los servicios sociales realizando una verdadera intervención social, resolviendo incidencias, trabajando con la realidad de las personas usuarias, escuchándolas, conociendo sus hábitos, sus gustos y las relaciones con su red de apoyo familiar y comunitaria.

II. Puesta en marcha y continuidad de la intervención. El modelo plantea la intervención en atención domiciliaria como un continuo en la intervención de los servicios sociales comunitarios tratando de evitar la percepción por parte de las personas usuarias de que más personas ajenas invaden su intimidad y su hogar. Se trata de trasladar a la persona la idea de una atención continuada con la que viene teniendo con su profesional de referencia, y que el proyecto de intervención a llevar a cabo es la consecuencia, o resultado, de su relación con dicho profesional y de los acuerdos a los que ambos han llegado. Para ello, de forma inexcusable, el o la profesional gestor de caso realiza una primera visita, acordada por la persona profesional de referencia y acompañada de la misma, de manera que el primer contacto con la persona usuaria sea lo menos invasivo y lo más natural posible. En esta primera visita se le informa sobre los recursos y servicios disponibles, se contrasta la valoración de la profesional de referencia con las condiciones del hogar, y la aplicabilidad al caso de los recursos y servicios disponibles, al tiempo que se obtiene información sobre la disponibilidad de la persona para utilizarlos. En definitiva, se inicia el diseño del proyecto de intervención social. Durante todo el proceso de intervención posterior, el contacto más directo y cotidiano con la persona usuaria corresponde al profesional gestor de caso, pero las visitas conjuntas más espaciadas para el seguimiento y cuando se considere oportuno, serán la norma básica de funcionamiento.

En esta primera visita, ambos profesionales informan a la persona usuaria de que, en los próximos días, el gestor de caso va a visitarla de nuevo acompañado de un experto en domótica para valorar las posibilidades de instalación de los diferentes dispositivos inicialmente previstos.

III. Valoración tecnológica del domicilio. El/la profesional gestor de caso acompañado de un profesional tecnológico realiza una visita al domicilio para valorar la viabilidad de las instalaciones previstas con el/la profesional de referencia, informan a la persona de las instalaciones a realizar, de las pequeñas obras en su caso y llegan a un acuerdo sobre la posibilidad de realizarlas.

IV. Diseño compartido del proyecto de intervención. A partir de la primera visita, el gestor de caso diseña, en contacto permanente con el/la profesional de referencia, el proyecto de intervención en el domicilio incorporando los servicios acordados con dicho profesional y la persona atendida incluyendo, en su caso, la ayuda a domicilio que viniera recibiendo la persona una vez adaptada y dimensionada a la aplicación de los nuevos servicios. En el proyecto se incluyen, cuando sea el caso, acciones de relación social y contacto con la comunidad a través de la implicación de recursos de voluntariado. En el proyecto figura siempre como condición la posibilidad de adaptación permanente de los servicios implantados a las decisiones consensuadas con la persona atendida.

V. Acuerdo expreso de la persona usuaria sobre el proyecto diseñado. Una vez completado y con el visto bueno y firma de ambos profesionales, el gestor de caso explica con todo detalle las características del proyecto que, una vez explicado, se somete a la firma de conformidad por parte de la persona en un soporte de consentimiento informado elaborado al efecto. Cuando sea pertinente y con la conformidad de la persona usuaria, las personas cuidadoras familiares podrán también suscribir el acuerdo del proyecto de intervención.

VI. Integración de los nuevos servicios con la ayuda a domicilio convencional. La persona profesional de referencia informa a las profesionales prestadoras de la ayuda a domicilio de las modificaciones o, en su caso, el inicio de los servicios en el caso. El profesional gestor de caso realizará una reunión con las personas auxiliares del hogar, ya sean cuidadores/as profesionales o informales para informales de los nuevos servicios a poner en marcha, de las características y funcionamiento de los dispositivos implantados en el hogar y de su relación con la vida diaria de la persona atendida. A partir de ese momento, el contacto del profesional gestor de caso con las/los auxiliares de hogar será constante y el intercambio de información mutua sobre incidencias y grado de adaptación será la norma.

El profesional de referencia introduce los datos correspondientes a la intervención planificada y su posterior seguimiento en la Historia Social correspondiente y en los soportes físicos y digitales que los servicios sociales tengan establecidos al efecto bien por la comunidad autónoma, bien por los servicios sociales municipales.

VII. Confidencialidad. El gestor de caso firmará con la persona usuaria un acuerdo de confidencialidad y de protección de sus datos.

VIII. El seguimiento y su trazabilidad. El modelo se basa en posibilitar que la decisión de la persona pueda ser quedarse a vivir en su casa. En consecuencia, el seguimiento de los resultados del proyecto de intervención diseñado está basado en la autopercepción de bienestar de la persona, en la adecuación de los servicios implantados a su situación, además de en la ejecución de los servicios en sí misma.

Además, el seguimiento debe basarse en estándares e indicadores medibles en todo momento de forma que se pueda establecer la trazabilidad continua del conjuntos de indicadores.

Para ello, el modelo ha construido el índice de eficacia "Vivir en Casa" (Índice VEC) que integra indicadores de Ejecución,

Adecuación y Resultado en una puntuación única que permite medir la evolución del proyecto de intervención con orientación formativa en cualquier momento de este y, por supuesto, en una valoración sumativa final. En los dos primeros grupos de indicadores (Ejecución y Adecuación) la percepción de la persona se triangula con la observación del profesional gestor de caso y, por contra, los indicadores del grupo de resultados solo se conforman con la autopercepción comunicada por la persona usuaria.

Este seguimiento se realiza a través de visitas domiciliarias periódicas de los profesionales gestores de caso con una frecuencia de una o dos veces por semana al principio de la puesta en marcha del proyecto y algo más espaciadas o cuando lo solicite la persona expresamente a partir del primer mes. En tales visitas, el profesional gestor de caso irá actualizando el índice VEC y adaptando los servicios al resultado de este y a las decisiones y circunstancias de la persona usuaria. Cada decisión de modificación o adaptación de los servicios implantados inicialmente es firmada de conformidad por la persona usuaria en una hoja de registro continuo de seguimiento.

De todas las visitas de seguimiento, de los resultados del índice y de las decisiones consensuadas de modificación o adaptación se reporta al profesional de referencia y se informa a los profesionales auxiliares de la ayuda a domicilio.

IX. El contacto con la comunidad. Las acciones de compañía, relación social y comunitaria y de acompañamiento a los recursos externos al hogar se realizará siempre a través de voluntariado y, excepcionalmente, por parte de los profesionales gestores de caso en supuestos de no disponibilidad de voluntariado o de necesidad no panificable.

X. La supervisión permanente de los proveedores de servicios. Los profesionales gestores de caso mantienen un contacto permanente con las entidades y empresas prestadoras de los servicios con un doble objetivo, por un lado, el control y aseguramiento de que los servicios prescritos en el proyecto de intervención se prestan en las condiciones, contenidos e intensidad acordadas y, por otro, el reporte de incidencias y el intercambio de información sobre el grado de satisfacción percibido en las personas usuarias y sus particularidades.

Anexo II: Catálogo de servicios domiciliarios

WWW.VIVIRENCASAUMA.ES

CATÁLOGO
DE SERVICIOS

VIVIR EN CASA

Financiado por
la Unión Europea
NextGenerationEU

MINISTERIO
DE DERECHOS SOCIALES
Y AGENDA 2030

Plan de Recuperación,
Transformación y Resiliencia

Junta de Andalucía

UNIVERSIDAD
DE MÁLAGA

 **Prestación:**
Teleasistencia Avanzada.

Descripción: Prestaciones del Servicio Andaluz de Teleasistencia y complementarias.

Contacto: 900 920 029

 **Prestación:**
Prescripción y/o Intensificación del Servicio de Ayuda a Domicilio, Servicio de transporte de comida a domicilio bajo demanda y S. gestión plataforma ASISTO

Descripción: Incrementar, o en su defecto, prescribir las horas del **Servicio de Ayuda a Domicilio** que se estimen necesarias para apoyar a la persona en situación de dependencia.
Servicio de **distribución de raciones alimenticias** - Servicio de gestión plataforma **ASISTO**

Contacto: 952 36 07 06

 **Prestación:**
Servicio de rehabilitación y Servicio de comida en comedor.

Descripción:
Rehabilitación: Conjunto de actuaciones rehabilitadoras, de fomento de la actividad física y mejora de la movilidad, entre otras, llevadas a cabo por profesionales tanto de forma ambulatoria como domiciliaria.
Servicio comedor: Asistencia alimentaria nutricional para mejorar la salud. Atendiendo a las necesidades nutricionales de la persona usuaria, a sus gustos y hábitos alimenticios.

Contacto: Angela - 951 26 40 24

 **Prestación:**
Servicio de acompañamiento y voluntariado.

Descripción: Acompañamiento y ayuda a la persona usuaria, en el hogar o fuera del mismo.
Contacto: informa@cruzroja.es - 952 22 22 22

 **Prestación:**
Plataforma **VERA**

Descripción: VERA traslada la actividad del centro social al hogar de las personas usuarias y pone a su disposición una amplia variedad de servicios como psicología, fisioterapia, actividades lúdicas, comunicación con familiares, etc.

 **Prestación:**
Realidad virtual como herramienta terapéutica **Virtuarte**

Descripción: Oportunidades para estimular tanto las capacidades cognitivas como físicas de las personas, a través de entornos virtuales que pueden ser adaptados a sus necesidades y preferencias. Esta tecnología permite simular situaciones de la vida real o crear escenarios imaginativos que facilitan el ejercicio mental y físico, la socialización y el entretenimiento.

* *CADA UNA DE ESTAS PRESTACIONES DEBEN DE SER PRESCRITAS POR LA PERSONA GESTORA DE CASOS Y VALIDADAS POR PROFESIONAL DE REFERENCIA*

 **CENTRO DURAN-SIOLI**

 FUNDACIÓN **HÉROES**

Prestación:
Servicio de logopedia

Descripción: Dos entidades independientes con las cuales prestamos atención especializada de diferentes trastornos y problemas relacionados con el lenguaje y la deglución.

Contacto: Carmen Sioli - 667 73 44 69 // Fundación Héroes - 951 77 21 11

 Kamila Sotolova
Dietista-Nutricionista

Prestación:
Nutrición

Descripción: Dietista-Nutricionista especializada en pérdida de peso y nutrición clínica.

Contacto: 620 030 559 - info@kamilasotolova.com

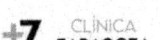 CLÍNICA **ZARAGOZA**

Prestación:
Servicio de Podología.

Descripción:
Conjunto de servicios de podología y tratamiento del dolor adaptados a las especificades de las personas usuarias que participen en el proyecto, ya sea en su domicilio o en consulta externa.

Contacto: 687 02 82 46 - info@clinicazaragoza.es

 *Neurodemfa*

Prestación:
Servicio de psicología y neuropsicología

Descripción: Centro terapéutico especializado en la prevención, diagnóstico y tratamiento terapéutico, de cualquier patología o enfermedad neurológica, sin olvidarnos de aquellas patologías propias del envejecimiento cerebral.

Contacto: 617 21 57 91, 951 54 06 98 - neurodemfa@hotmail.com

 **aspaym** málaga

Prestación:
Servicio de fisioterapia, terapia ocupación y psicología

Descripción:
Conjunto de actuaciones rehabilitadoras, de atención psicológica, fomento de la actividad física y mejora de la movilidad, llevadas a cabo por profesionales de forma domiciliaria. Actividades rehabilitadoras con la APP Inrobics del robot NAO.

Contacto: 952 65 15 03 - 603 68 71 68 - info@aspaymmalaga.com

Prestación:
Peluquería

Descripción: Servicio de Peluquería, manicura, pedicura a domicilio

Contacto: Menchu - 666 83 15 96

· *CADA UNA DE ESTAS PRESTACIONES DEBEN DE SER PRESCRITAS POR LA PERSONA GESTORA DE CASOS Y VALIDADAS POR PROFESIONAL DE REFERENCIA*

Anexo III: Catálogo de dispositivos tecnológicos

ROBÓTICA SOCIAL

ROBOT TEMI

Descripción

Robot de asistencia social especializado en la interacción humana y con su entorno. Es capaz de realizar mapas de los entornos en los que se encuentra para una navegación más eficiente. También admite la posibilidad de la detección de caras para una interacción más personalizada junto a unas opciones de diálogos similares a los de Google o Alexa.

De forma adicional, a través de la aplicación SOMCare, se pueden definir recordatorios, diálogos especiales (calidad de sueño, medicamento, nutrición) y preguntas programadas, para así poder personalizar más aún el servicio al usuario.

Finalmente, es compatible con una gran variedad de dispositivos (junto a sus aplica-

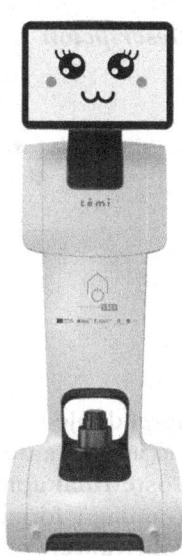

ciones respectivas) que se pueden integrar a la funcionalidad del robot.

Ofrecer un estilo de vida más independiente gracias al sistema de recordatorios. Además, mantiene comunicada a personas que vivan solas con sus familiares y profesionales a cargo de esta.

Coste final aproximado: 14.423,20 EUR incluyendo:
Base / Puesta en marcha / Licencias por un periodo de 12 meses

Desarrollador: Grupo Saltó - 902 202 357.
info@groupsalto.com

Observaciones

Tiene una navegación muy robusta que permite adaptarse a cualquier casa en la que habite. Además, gracias a su reconocimiento de cara, puede adaptarse al nivel de visión de la persona. No está diseñado para tenerlo en casas donde haya mascotas.

ROBOT PARO

Descripción

Paro es un robot terapéutico con la forma de una foca bebé. Gracias a los sensores incorporados que tiene a lo largo de su cuerpo, permite detectar todo tipo de caricias que se realicen en él. Además, gracias a su sistema de aprendizaje, es capaz de aprender el apodo que el usuario desee ponerle.

Dado que Paro es capaz de aprender de los gestos del usuario, hace que el aprendizaje resulte más natural y flexible, dando mucha libertad a la hora de interactuar con el propio robot.

Coste final aproximado: 4.185 EUR incluyendo: Robot Paro / Training y formación del personal / Maletín de transporte

Fabricante: Casual Robots

Desarrollador: Casual Robots - 91 037 85 27 / 654 19 21 90
info@casualrobots.com
Observaciones
Su uso está pensado para que sea empleado en periodos cortos de tiempo (10 - 15 minutos).
No está diseñado para tenerlo en casas donde haya mascotas.

ROBOT EVONDOS E300

Descripción

Robot dispensador de medicamentos.

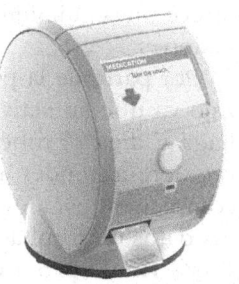

Este robot se utiliza para realizar recordatorios y la posterior dispensación automática del medicamento, asegurando la toma de estos y un correcto seguimiento de los tratamientos establecidos para los usuarios.
Coste final aproximado: 130 EUR/mes incluyendo: Robot E300 / Servicio de Teleasistencia
Fabricante: EVONDOS
Desarrollador: EVONDOS +358 2 777760
info@evondos.com
Observaciones
Debe de ir acompañado del servicio de una farmacia que haga entrega de la medicación en rollos de bolsitas desechables. Así como supervisado por un profesional o cuidador/A que se encargue de la recarga de la medicación en el robot.

ROBOT NAO

Descripción

Nao es un robot humanoide y social, muy polivalente destinado a realizar juegos terapéuticos con los pacientes. Junto con un sensor 3D y una pulsera para medir el ritmo cardiaco, es capaz de seguir los movimientos del usuario para posteriormente registrarlos. A través de la APP Inrobics Clinic se puede diseñar diferentes sesiones de rehabilitación y la evaluación de estas.

Se emplea para aumentar la motivación y compromiso al realizar sesiones de rehabilitación con los pacientes. Además, ofrece un seguimiento y feedback en tiempo real durante estas sesiones.

Por parte de la persona usuaria, no se necesita un aprendizaje ya que su actividad se basa en seguir y escuchar lo que haga y diga el robot. Por parte del/la profesional terapeuta, requiere aprender a poner en marcha el robot junto con sus complementos, aprender a configurar las sesiones y entender los datos de resultados que se muestran.

Coste final aproximado: 11.370 EUR/Unidad, incluyendo:

Robot NAO / Suscripción al Software (Inrobics Clinic) y Licencias por 6 meses / Soporte y actualizaciones de seguridad / Sistema de análisis e informes / Equipamiento complementario (Sensor Orbbec Persee, Sensor HR Polar Versity, Router y SIM)

Fabricante: United Robotics Group
Desarrollador: Inrobics Social Robotics 630 42 32 31
info@inrobics.com

Observaciones

Este robot ha dado muy buenos resultados, ya que permite realizar las sesiones terapéuticas a la vez que el ocio. Contiene 25 grados de libertad. Necesita de router, sensores y Tablet/Smartphone para un funcionamiento correcto.

ROBOT NAO VIRTUAL

Descripción

Se trata de un gemelo digital del propio Robot Nao, permitiendo realizar las sesiones de rehabilitación de manera remota para aquellos pacientes que no puedan desplazarse. Su utilización es a través de la APP *Inrobics Virtual,* que puede ser instalada en cualquier Tablet o Smartphone.

Al igual que el robot NAO, se usa para favorecer el uso de las sesiones de rehabilitación de manera remota. También permite el seguimiento en remoto por parte de los profesionales encargados de estas sesiones

Por parte de la persona usuaria, se necesita saber cómo acceder a la aplicación y seleccionar en el calendario la sesión a realizar. Por parte del/la profesional terapeuta, tiene que aprender a programar en el calendario de la persona usuaria las sesiones y saber interpretar los resultados de estas.

Coste final: 700 EUR/Unidad, incluyendo: Suscripción al Software (Inrobics Virtual) y licencias por 6 meses / Soporte y actualizaciones de seguridad

Desarrollador: Inrobics Social Robotics 630 42 32 31
info@inrobics.com

Observaciones

La aplicación permite agendar sesiones al usuario para realizarlas solo en el día deseado. Requiere de conexión a internet y que el dispositivo contenga una cámara. Su funcionamiento puede depender del hardware que contenga el dispositivo de uso.

DOMÓTICA SOCIAL

DETECTORES DE INUNDACIÓN

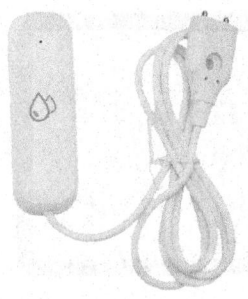

Descripción

Cuando el sensor detecta una fuga de agua emite una fuerte alarma de 130dB; además, mediante tecnología inalámbrica, informa eficazmente a nuestra aplicación del incidente.

Ofrecer un método preventivo a las personas usuarias que habitan la casa en caso de fuga.

Datos del dispositivo

Protocolo de Comunicación: Zigbee 3.0. Detector de Inundación ZN288405

Coste final aproximado: 30 €

CONTACTOS MAGNÉTICOS

Descripción

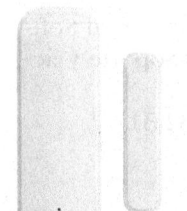

Sensores capaces de detectar la apertura y el cierre de puertas y ventanas, que de forma autónoma e inalámbrica informan a la aplicación en tiempo real.

Con este sensor se pueden monitorizar rutinas en la casa, sabiendo qué puertas, ventanas o cajones se abren o cierran a lo largo del día.

Datos del dispositivo
Protocolo de Comunicación: WiFi/Zigbee 3.0
Coste final aproximado: 15 €

ENCHUFES INTELIGENTES

Descripción

Enchufe Smart Zigbee que se pueden programar para controlar y monitorizar la toma de corriente del punto en el que se encuentre.

Con este sensor se pueden monitorizar rutinas en la casa, sabiendo cuando se encienden y apagan los dispositivos.

Datos del dispositivo: Protocolo de Comunicación: Zigbee 3.0 Voltaje de Entrada: 100-250V. Salida: 16A de carga máxima
Coste final aproximado: 15 €

CERRADURAS INTELIGENTES

Descripción

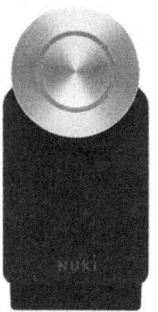

Accionamiento inalámbrico que permite abrir y cerrar puertas.

Con este dispositivo se puede abrir y cerrar la puerta de entrada a la vivienda de forma telemática.

Datos del dispositivo: Cerradura Nuki Smart Lock
Coste final aproximado: 400 €

PULSADORES DE EMERGENCIA

Descripción

Tras pulsar su botón central se emite una señal de alarma, que se recoge en nuestra aplicación.

En caso de emergencia, la pulsación de su botón central emite una señal de alarma a la que se pueden asociar distintos protocolos de respuesta desde nuestra aplicación.

Datos del dispositivo

Pulsador de Emergencia WOOX R7052

Protocolo de Comunicación: Zigbee 3.0

Coste final aproximado: 30 €

ILUMINADORES BAJO CAMA

Descripción

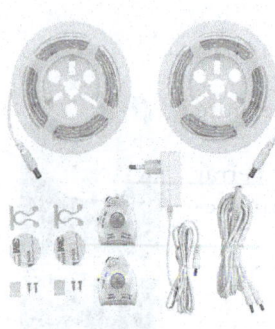

La tira de Led's se enciende automáticamente cuando los sensores detectan que se ha levantado o aproximado a la cama.

La luz se activa automáticamente en la oscuridad gracias al detector de movimiento, lo que reduce el riesgo de caídas de la persona usuaria por andar en la oscuridad.

Datos del dispositivo: LuxJet Night Lights

info@luxjet.com.cn

Coste final aproximado: 32 €

EMISORES DE IR

Descripción

Emisor de infrarrojos (IR) permite la automatización de dispositivos controlados por IR.

Se podrá automatizar el control de algunos dispositivos, por ejemplo: activar el aire acondicionado cuando se sobrepase cierta temperatura.

Datos del dispositivo
Universal Remote Control Zigbee
Protocolo de Comunicación: Zigbee 3.0
Coste final aproximado: 30 €

MIRILLAS INTELIGENTES CON CÁMARA

Descripción

El intercomunicador de vídeo inalámbrico incorpora micrófonos y altavoces para que se pueda comunicar en tiempo real el anfitrión con el visitante desde cualquier lugar a través de un móvil o tablet. Cuando el botón del intercomunicador se pulsa, se produce una llamada al dispositivo del usuario a través de la aplicación del fabricante EZVIZ.

Cuando un visitante pulsa el botón del intercomunicador situado en el exterior de la entrada a la vivienda, se produce una llamada al dispositivo móvil del usuario a través de la aplicación EZVIZ.

La persona usuaria puede comunicarse a través de un móvil o Tablet con el/la visitante y determinar si abrir o no la puerta.

Datos del dispositivo: Mirilla Inteligente EZVIZ. Aplicación móvil: EZVIZ

La mirilla se inserta en el lugar de la mirilla tradicional de la propia puerta.

No hace falta ningún cableado adicional.

La mirilla tiene su propia pantalla pegada en la puerta.

Coste final aproximado: 300 €

ALTAVOCES INTELIGENTES CON ALEXA

Descripción

Altavoz inteligente con Alexa, el asistente virtual desarrollado por Amazon.

Datos del dispositivo

Echo Dot (4ª Generación), Amazon
https://developer.amazon.com/es-ES/alexa

Coste final aproximado: 100 €

MEDIDORES CONFORT HOGAR

Descripción

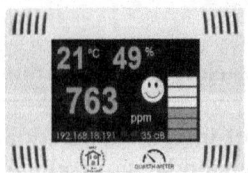

Dispositivo que mide temperatura, humedad relativa y concentración de CO_2 y los muestra en una pantalla LCD.

Permite medir las condiciones de la sala en cuanto a temperatura, humedad relativa y concentración de CO_2 y en caso de que se produzca algún nivel anómalo, informe a nuestra aplicación para que se ponga en marcha el protocolo correspondiente.

Datos del dispositivo: Sonda Quarth-Meter de 2007IDG

Coste final aproximado: 340 €

HUB ZIGBEE

Descripción

Pasarela que permite conectar distintos dispositivos que se comunican mediante protocolo Zigbee y permite integrar dispositivos.

Datos del dispositivo
Zigbee 3.0 USB Dongle Plus SONOFF
Coste final aproximado: 50 €

RASPBERRY PI

Descripción

Mini-ordenador para centralizar la recogida de datos de todos los dispositivos.

Datos del dispositivo: <u>Raspberry Pi 4 Computer</u>, Model B, 4GB RAM
Coste final aproximado: 100 €

SENSORES DE TEMPERATURA Y HUMEDAD

Descripción

Estos sensores permiten a la persona usuaria y a nosotros ver la temperatura y humedad dentro de la casa.

Datos del dispositivo
Sensor de Temperatura y Humedad Zigbee 3.0
Rango de funcionamiento: 20-60 C°
Coste final aproximado: 18 €

MINI UPS

Descripción

Este dispositivo nos permite añadir cierta autonomía a la caja de control de la casa inteligente en caso del apagado de la electricidad. Esto nos garantizará la recepción correcta de los datos vitales de la persona usuaria sin interferencias.

Datos del dispositivo

Mini Ups Battery Backup FX-12Pro_AC Shanqui
Capacidad: 20000mAh
Voltaje de entrada: 100-240V AC
Salidas: 5V USB y DC share 3A; 9V 3A DC; 2x12V DC share 5A
Coste final aproximado: 105 €

ANEXO IV: METODOLOGÍA PRÁCTICA Y CRITERIOS BÁSICOS DE SELECCIÓN DE LAS PERSONAS PARTICIPANTES EN EL PROYECTO "VIVIR EN CASA"

El objetivo del proyecto en el ámbito de actuación en contextos reales, pretendía llevar a cabo un análisis experimental sobre un nuevo modelo de atención domiciliaria, y por lo tanto necesitaba implementar y analizar la eficacia de la aplicación de dispositivos tecnológicos digitales en los hogares, y su combinación con diversos servicios de carácter personal y profesional para mejorar el bienestar de las personas usuarias, o en el hogar o en de carácter ambulatorio, para definir la mejor forma de lograr y mantener la permanencia de las personas en situación de dependencia en sus domicilios.

Se determinaría la situación basal de cada persona y su entorno, a través de las 12 variables descritas previamente (situación personal, social, habitacional, relacional, etc.), que se suponen determinantes en la toma de decisión de recurrir a recursos residenciales. A continuación se describen las distintas variables que se analizaron en cada una de las personas usuarias.

Género
— Masculino
— Femenino

Edad
— ≤ 64
— 65 – 79
— ≥ 80

Estado de salud
Enfermedades funcionalmente inhabilitantes: Si / No
Problemas de salud mental: Si / No
Encamados: Si / No
*Excluir personas demenciadas que deambulan y/o a partir
de 2ª fase de Alzheimer.

Grado de dependencia.
— Grado de Dependencia I
— Grado de Dependencia II
— Grado de Dependencia III

**Servicios y prestaciones del Sistema para la Autonomía
y Atención a la Dependencia (SAAD) que recibe:**
— Atención domiciliaria y teleasistencia
— Centro de Día
— Prestación económica para cuidados en el entorno familiar
— Prestación vinculada al servicio
— Servicio de promoción de la autonomía personal
— Varias compatibles

**Capacidad Funcional para las Actividades Básicas de la
Vida Diaria (ABVD). Barthel Index (Caronni y Scarano,
2024).**
— <39
— 40-59
— ≥60

**Capacidad Cognitiva. Mini-mental Status (Lobo *et al.*,
1999).**
— >30.

— 20-29.

— 15-19. (Descartar < 15)

Unidad de convivencia

— Vive solo/a

— Vive en pareja

— Conviviendo con hijos/as y/o familiar cuidador/a

— Conviviendo con cuidador/a ajeno

Red familiar de apoyo

— Sin red

— Con red efectiva pero limitada

— Con red efectiva y operativa

Sobrecarga del Cuidador/a. Escala Zarit (Zarit y Zarit, 1982).

— <46.

— 47-55.

— ≥ 56

Tipo domicilio

— Casa unifamiliar tradicional

— Vivienda unifamiliar adosada

— Piso

Condiciones accesibilidad y usabilidad del domicilio

— Sin barreras importantes

— Con barreras leves (dificultan, pero no impiden)

— Con barreras importantes (impiden)

VARIABLE 12.

— Equipamiento del hogar

— Refrigerador

— Microondas

— Horno a gas

— Cocina a gas

— Horno eléctrico

— Cocina eléctrica

— Calefacción
— Aire acondicionado
— Ventilador de techo
— Ducha geriátrica
— Bañera
— Televisión
— Conexión a internet
— Otros

Las personas usuarias participantes en el proyecto fueron seleccionadas en el distrito de Teatinos (Málaga) y dentro de la Zona Básica del Centro de Servicios Sociales Comunitarios de Teatinos. Por su proximidad a la Universidad y por tanto al equipo de investigación (gestores y gestoras de caso), a sus profesionales de referencia, trabajadoras sociales, a residencias de mayores y disponibilidad de gran variedad de servicios de carácter personal y profesional, para la implementación de servicios ambulatorios (logopedia o atención psicológica, entre otros). Y como criterios básico de selección se establecieron los siguientes: a) Debían ser personas que se encontrasen en situación de dependencia reconocida, Grado I, II o III, tener aprobado y resuelto el PIA, así como el recurso concedido; b) Personas que no hubiesen tomado la decisión de irse a un recurso residencial, para seguir en casa; c) Personas sin mascotas como gatos o perros, que pudieran interferir en la movilidad del robot, solo de aplicabilidad en caso de prescribirles un robot social; d) Dispuestas a que el equipo visitase e instalase en el domicilio los instrumentos tecnológicos acordados; f) Personas dispuestas a dar su consentimiento para el tratamiento de sus datos personales dentro del proyecto, así como la grabación y cesión de imágenes bajo mutuo acuerdo, dado el caso; g) Capacidad cognitiva suficiente para poder comprender los aspectos básicos del proyecto, dar su consentimiento de manera efectiva y realizar las escalas de valoración correspondientes.

Se decidió definir tres grupos focales para el estudio, atendiendo a tres criterios determinantes: Grado de funcionalidad de la persona en situación de dependencia, Funcionalidad de la Red de apoyo y Grado de Dependencia, concretamente del siguiente modo:

— Grupo I: Grado de funcionalidad de la persona usuaria "Alto"; Grado de dependencia I
— Grupo II: Grado de funcionalidad de la persona usuaria "Medio"; Grado de dependencia II
— GRUPO III: Grado de funcionalidad de la persona usuaria "Bajo"; Grado de dependencia III

De cada modalidad se pre-seleccionarán tres grupos, uno actuará como grupo experimental sobre el que se actuará y se aplicarán los recursos tecnológicos aportados por el Proyecto, otro actuará como grupo de control que solo recibirá los mismos servicios del SAAD tanto en tipología como en intensidad que esté recibiendo hasta la fecha y el tercero se mantendrá como grupo de reserva para cubrir desistimientos o posibles exitus.

La distribución por sexos y edad de la muestra en cada grupo se realizó como referencia los porcentajes de personas de ambos criterios en cada Nivel de Dependencia según los informes del IMSERSO. La distribución según estos estratos en los grupos experimental, control y reservas fue homogénea.

Se llevaron a cabo dos entrevistas al grupo control, una al inicio y otra al finalizar el proyecto. Por otro lado, en el grupo experimental se llevaron a cabo visitas semanales con cada una de las personas usuarias.

De las 16 personas participantes del grupo experimental, el 50 por ciento correspondían con el género masculino, y por rango de edad, cuatro de las personas usuarias eran menores de 64 años, cuatro que se encontraban entre 65 y 79 años y ocho personas eran mayores de 80 años.

En cuanto al grado de dependencia, dentro de la muestra de personas usuarias, se ha categorizado a siete personas como Grado I, cinco como Grado II y cuatro como Grado III.

Conforme a los servicios y prestaciones de SAD que reciben derivados del reconocimiento del grado de la dependencia, se

ha identificado que los usuarios con la prestación económica
para cuidados en el entorno familiar (PECEF), eran solo cuatro,
mientras que los 11 restantes recibían ayuda a domicilio.

La red de apoyo familiar identificada se puede calificar
como red afectiva fuerte y operativa en el 62,5 por ciento de
los casos (10 casos), y de 37,5 por ciento de los casos como
débil y limitada (seis casos).

ANEXO V: FORMULARIO DE INFORMACIÓN, CONSENTIMIENTO INFORMADO Y CONFIDENCIALIDAD PARA LA ATENCIÓN DOMICILIARIA DENTRO DEL PROYECTO "VIVIR EN CASA"

D/Dña. _____, mayor de edad, con DNI número _____ por la presente, **AUTORIZA** a que se inicie el procedimiento de atención domiciliaria en el ámbito del proyecto piloto de innovación tecnológica y social de cuidados domiciliarios, con el compromiso de aceptar la ejecución del mismo en los siguientes términos:

1. Declaro que he sido informado/a acerca de los modelos de atención y apoyo con los que se realiza el proyecto piloto de "Innovación tecnológica y social de cuidados domiciliarios".

2. Que en los servicios que se presten se respetará mi voluntad e intereses, sin establecer barreras o cortapisas que supongan la limitación de mis derechos personales, salvo la adopción de aquellas medidas que pudieran ser precisas para salvaguardar mi integridad.

3. Que esta atención siempre respetará la dignidad inherente a mi persona, a la que se ofrecerá los apoyos que precise de acuerdo con la información que he suministrado a la entidad o personal técnico organizador del servicio.

4. Que los datos ofrecidos para la realización del servicio son ciertos y que soy consciente de que la ocultación de datos o la falsedad de estos sería motivo suficiente para la cancelación del servicio o la expulsión del mismo. Asimismo, he ofrecido toda la información precisa y de la que dispongo acerca de los apoyos, fármacos, incidencias y dificultades específicas que puedan presentarse.

5. Que me comprometo a seguir en todo momento las indicaciones del gestor de casos, cumpliendo rigurosamente con el plan elaborado por los mismos en el desarrollo del proyecto.

6. Que autorizo al personal técnico del proyecto a que adopten las medidas necesarias en caso de urgencia médica o imprevista que pueda presentarse durante la estancia.

7. Que tengo conocimiento de que las actuaciones y recursos que se ponen a disposición se produce dentro de un proyecto piloto y que puede estar sujeto a cambios o imprevistos, y que asumo las consecuencias que de ello pudiera derivarse para la salud o la vida.

8. Que tengo conocimiento del procedimiento de atención domiciliaria, siendo informado del **carácter temporal** del proyecto, así como de mi derecho a rechazar la participación en cualquier momento del proceso.

9. Que tengo conocimiento de que la participación en este proyecto piloto no genera el derecho a la apropiación del material y la tecnología utilizada en el mismo.

Asimismo, **AUTORIZA** al personal que participa del proyecto de la Universidad de Málaga y de la Junta de Andalucía, para realizar las gestiones y comprobaciones que considere oportunas, así como la cesión y tratamiento de imágenes, de conformidad con los principios de protección de datos de carácter personal establecidos en la Ley Orgánica 3/2018, de 5 de diciembre, de Protección de Datos Personales y garantía de los derechos digitales.

Además **DECLARA** que, como persona colaboradora del proyecto *"VIVIR EN CASA"* de INNOVACIÓN TECNOLÓGICA Y SOCIAL DE CUIDADOS DOMICILIARIOS de la Universidad de Málaga, se compromete a mantener y respetar los principios de confidencialidad, responsabilidad y no divulgación respecto de toda la información a la que tenga acceso con motivo del desarrollo de sus funciones; así como, a guardar el sigilo profesional de todos aquellos asuntos que se conozcan por razón de dicha actividad, de acuerdo con lo establecido en la legislación vigente.

Málaga, a ...... de .... de 202....

Fdo.:

ANEXO VI: PROTOCOLO DE VISITA DOMICILIARIA DE SEGUIMIENTO PROYECTO "VIVIR EN CASA"

Trabajos previos
— Programar la cita.
— Acordar cita con persona usuaria.
— Informar a Profesional de referencia.
— Informar a cuidador/a principal.
— Estudiar informe de inclusión en el proyecto.
— Estudiar medios digitales implantados.
— Estudiar prestaciones sociales aplicadas.

Puntos críticos de observación
— Estado general de la vivienda (limpieza, orden, confortabilidad, iluminación, etc.)
— Actividad de las personas miembros de la Unidad de Convivencia en el momento de la visita.
— Actitud de cuidadores en el momento de la visita (hacia el programa, hacia la persona dependiente)
— Situación de los medios domóticos implantados en el momento de la visita (conectados o no, en servicio o no, uso o no en el momento de la visita, etc.)
— Situación concreta de la persona usuaria en el momento de la visita (en qué lugar de la casa, haciendo qué cosa, ABVD realizadas o no, etc.)
— Estado de ánimo que se aprecia en la persona.

Puntos críticos de información

— Último contacto con profesional de referencia. Motivo. Resultados.

— Estado de ánimo que comunica la persona.

— Grado de satisfacción de la persona sobre el funcionamiento de los dispositivos instalados (incidencias, fallos, malos funcionamientos, mal uso, falta de habilidades para el uso, etc.)

— Opinión de los miembros de la Unidad de Convivencia (UC)/cuidadoras sobre el funcionamiento de los dispositivos instalados.

— Grado de satisfacción de la persona sobre la atención social domiciliaria que recibe.

— Opinión de los miembros de la UC/cuidadoras sobre la atención social domiciliaria que recibe la persona dependiente.

— Incidencias de carácter sanitario (agravamientos, crisis, visitas programadas, cuidados sanitarios, etc.)

Anexo VII:
Personas participantes
y colaboradoras en el
proyecto "Vivir en Casa"

del Águila Obra, Ana Rosa. Catedrática de la Universidad de
Málaga e Investigadora Principal del proyecto "Vivir en Casa".

Alba Vegas, Rafael. Ingeniero del Instituto Andaluz de Domótica y Eficiencia Energética de Málaga.

Bandera Rubio, Juan Pedro. Profesor Titular del Departamento de Tecnología Electrónica de la Universidad de Málaga.

Cruces Samaniego, Alejandro. Ingeniero, investigador del proyecto "Vivir en Casa" de la Universidad de Málaga.

García Jiménez, Ana Vanesa. Secretaria General de Inclusión
Social de la Junta de Andalucía.

Guzmán Navarro, Francisco. Director del Máster de Domótica
y Profesor Titular del Departamento de Ingeniería Eléctrica
de la Universidad de Málaga.

Jerez Cordoncillo, Antonio. Ingeniero Biomédico, investigador
del proyecto "Vivir en Casa" de la Universidad de Málaga.

Jiménez Fernández, Inmaculada. Trabajadora Social, investigadora del proyecto "Vivir en Casa" de la Universidad de Málaga.

Manzorro Tejonero, Milagrosa de la Oliva. Trabajadora Social,
investigadora del proyecto "Vivir en Casa" de la Universidad
de Málaga.

Mérida Aguilera, Jara. Ingeniera, investigadora del proyecto "Vivir en Casa" de la Universidad de Málaga.

Merino Córdoba, Salvador. Vicerrector de Infraestructura y Eficiencia Energética, de la Universidad de Málaga.

Morcuende Casado, Pablo. Ingeniero del Instituto Andaluz de Domótica y Eficiencia Energética de Málaga.

Ortiz Vigo, Noelia. Graduada Social. Investigadora del proyecto "Vivir en Casa" de la Universidad de Málaga.

Ramírez Navarro, José Manuel. Profesor Titular de la Universidad de Málaga. Director del Plan de Investigación e Innovación de los Servicios Sociales de Andalucía.

Ramirez Ríos, Emilio. Responsable del servicio de sistemas de información de Inclusión (CISJUFI) Junta de Andalucía.

Rey Blanes, Álvaro. Ingeniero Biomédico, investigador del proyecto "Vivir en Casa" de la Universidad de Málaga.

Ruiz Lechuga, Jesús. Trabajador Social, investigador del proyecto "Vivir en Casa" de la Universidad de Málaga

Soler Almoguera, Marina. Trabajadora Social, investigadora del proyecto "Vivir en Casa" de la Universidad de Málaga

OTRAS PERSONAS EXPERTAS Y PROFESIONALES QUE PARTICIPARON EN EL PROYECTO

Aurioles Florido, María Dolores. Directora General de Derechos Sociales, Igualdad, Accesibilidad y Políticas Inclusivas del Ayuntamiento de Málaga.

Barranco Pérez, María Teresa. Jefa de Servicio de Igualdad, Servicios Sociales y Familias, y Personas Mayores de la Diputación Provincial de Málaga.

Bracero, María. Directora Vitalia Teatinos Málaga.

de Bran, Margarita. Asociación Arrabal - AID.

Bravo Izquierdo, Rosario. Trabajadora Social del Centro de Servicios Sociales del Distrito Teatinos del Ayuntamiento de Málaga.

Cabau Manau, Jordi. Grupo Saltó.

Calderón Frápolli, Iris Lucía. Trabajadora Social. Funcionaria de la Junta de Andalucía.

Calvo Nuño, Julio. Consultor Tecnológico en innovación social.

Camacho Burgos, Ángela. Fisioterapeuta en Vitalia Teatinos.

Capilla Nieto, Rocío. Asociación Arrabal - AID.

Cid Merino, Diego. Ingeniero Informático empresa IMATIA.

Conde Suárez-Pumariega, Adela. Customer Project Manager en EVONDOS.

Cruz Cruz, Belén. Neuropsicóloga en Neurodemfa.

Delgado, Jose. Trabajador Social empresa BCM.

Franco Rubañal, Iván. CEO Empresa IMATIA.

García Avilés, Pablo. Gerente CLECE-ATENDE. Málaga.

García Herrero, Gustavo. Trabajador Social. Evaluador del Proyecto.

García Moreno, Adriana. Jefa de Servicios de Acción e Inserción Social de la Delegación Territorial de la Junta de Andalucía en Málaga.

García Sánchez, Silvia. Fundación Héroes.

Herrera, Teresa. Trabajadora Social del Centro de Servicios Sociales del Distrito Teatinos del Ayuntamiento de Málaga.

Ibancos Lucio, María del Carmen. Servicios de peluquería.

Jiménez Gómez, Francisco Javier. Presidente del Colegio Profesional de Trabajo Social.

Jiménez, Adrián. CEO Darwin BIOMED.

López Carrasco, Margarita Encarnación. Directora del CPA la Trinidad – Profesora Asociada de Universidad de Málaga.

López Peláez, Antonio. Catedrático de la UNED.

Lozano Calle, María del Ara. Directora del Centro de Servicios Sociales del Distrito Teatinos del Ayuntamiento de Málaga.

Lozano Lares, Francisco. Decano de la Facultad de Estudios Sociales y del Trabajo. Universidad de Málaga.

Luque Granados, Gema. Gabinete de Planificación e Innovación Consejería de Inclusión Social, Juventud, Familias e Igualdad. Junta de Andalucía.

Martínez Moreno, María Auxiliadora. Jefa de Servicio de Acción Comunitaria y Dependencia del Ayuntamiento de Málaga.

Martínez Robles, Elena. Funcionaria de la Junta de Andalucía.

Morales Siles, Antonio José. Trabajador Social de Cruz Roja.

Moreno Narbona, Mª Victoria. Trabajadora Social de Cruz Roja.

Ortega Núñez, Noelia. Dirección Regional Andalucía Vitalia.

Padilla Meléndez, Antonio. Catedrático de la Universidad de Málaga.

Parrado Hernández, Pablo. Coordinador de la Secretaría General de Inclusión Social Junta de Andalucía.

Parreño Lizcano, Ángel. Psicólogo. Evaluador del proyecto.

Plata García, Verónica. Dirección Regional Sur. ATENDE.

Pulido Pascual, Jose Carlos. CEO empresa INROBICS.

Rodríguez Díaz, Beatriz. Profesora Titular del departamento de economía aplicada de la Universidad de Málaga.

Romero Romero, Gema. Trabajadora Social del Centro de Servicios Sociales del Distrito Teatinos del Ayuntamiento de Málaga.

Ruiz Pastrana, Pilar. Trabajadora Social del Centro de Servicios Sociales del Distrito Teatinos del Ayuntamiento de Málaga.

Sánchez Salas, Milagros. INGESAN - OHLA Vera.

Santana Viruel, Isabel. INGESAN - OHLA Vera.

Sarabia García, Ruth. Delegada Territorial de Inclusión Social, Juventud, Familias e Igualdad de la Junta de Andalucía en Málaga.

Sioli Durán, Carmen. Logopedia Sioli-Durán.

Sotolova, Kamila. Nutricionista.

Tanninen, Eetu. Customer Project Manager en EVONDOS.

Vega Palomo, Isabel. ASPAYM Málaga.

Zaragoza Flores, Lorenzo. Podología. Clínica Zaragoza.

Zaragoza Flores, Macarena. Podología. Clínica Zaragoza.

REFERENCIAS BIBLIOGRÁFICAS

Barker, R. L. (2003). *The social work dictionary*. Washington, DC: NASW Press.

Bronfenbrenner, U. (1979). *The Ecology of Human Development*. Harvard University Press eBooks. https://doi.org/10.4159/9780674028845

Caronni, A., & Scarano, S. (2024). Generalisability of the Barthel Index and the Functional Independence Measure: robustness of disability measures to Differential Item Functioning. *Disability and Rehabilitation, 47*(8), 2134-2145. https://doi.org/10.1080/09638288.2024.2391554

Chen, S.-C., Moyle, W., Jones, C., & Petsky, H. (2020). A social robot intervention on depression, loneliness, and quality of life for Taiwanese older adults in long-term care. *International Psychogeriatrics, 32*(8), 981–991. https://doi.org/10.1017/S1041610220000459

Comisión Europea (2024). *Vivir en Casa, un proyecto para seguir viviendo en casa, de forma independiente*. Obtenido en https://spain.representation.ec.europa.eu/empresas-y-financiacion/nextgenerationeu/vivir-en-casa-un-proyecto-para-seguir-viviendo-en-casa-de-forma-independiente_es (13 de junio de 2025).

Costa-Font, J., Elvira, D., & Mascarilla-Miró, O. (2009). `Ageing in Place'? Exploring Elderly People's Housing Preferences in

Spain. *Urban Studies*, *46*(2), 295-316. https://doi.org/10.1177/0042098008099356

García, G., & Ramírez, J. M. (2008). Ley de promoción de la autonomía personal y atención a las personas en situación de dependencia-Análisis y comentarios. Zaragoza: Editorial Certeza.

García, G., & Ramírez, J. M. (2006). Manual Práctico para elaborar proyectos sociales. Madrid: Siglo XXI.

Gómez, L. E., Morán, M. L., & Swerts, C. (2024). Measuring quality of life in vulnerable populations. In: Florence, M., Vanderplasschen, W., Yu, M., De Maeyer, J., Savahl, S. (Eds.) *Handbook of Addiction, Recovery and Quality of Life. International Handbooks of Quality-of-Life*. Springer, Cham. 211–226. https://doi.org/10.1007/978-3-031-65873-0_14

Junta de Andalucía (2020). *I Plan Estratégico Integral para Personas mayores en Andalucia 2020-2023 - Planes y Programas - Junta de Andalucía*. Obtenido en https://www.juntadeandalucia.es/organismos/inclusionsocialjuventudfamiliaseigualdad/consejeria/transparencia/planificacion-evaluacion-estadistica/planes/detalle/208782.html#toc-evaluaci-n-del-plan (13 de junio de 2025).

Junta de Andalucía (2022a). *I Plan de Investigación e Innovación de Servicios Sociales de Andalucía 2021-2025 - Planes y Programas - Junta de Andalucía*. Obtenido en https://www.juntadeandalucia.es/organismos/inclusionsocialjuventudfamiliaseigualdad/consejeria/transparencia/planificacion-evaluacion-estadistica/planes/detalle/240935.html (21 de marzo de 2022).

Junta de Andalucía (2022bj). *III Plan de Acción Integral para las Personas con Discapacidad en Andalucía - Planes y Programas - Junta de Andalucía*. Obtenido en https://www.juntadeandalucia.es/organismos/transparencia/planificacion-evaluacion-estadistica/planes/detalle/334960.html (13 de junio de 2025).

Lobo, A., Saz, P., Marcos, G., Día, J. L., de la Cámara, C., Ventura, T., Morales, F., Pascual, L. F., Montañés, J. A., & Aznar, S. (1999). Revalidación y normalización del Mini-Examen Cognoscitivo (primera versión en castellano del Mini-Mental Status Examination) en la población general geriátrica. *Medicina Clínica, 112*(20), 767-74.

Maanen, J. Van. (1985). *Qualitative methodology. Administrative Science Quarterly Ithaca, 24*(4), 519-671.

Morel, N. (2025). Towards a social division of labour. *Policy Press.* https://doi.org/10.51952/9781447375098.ch004

Naciones Unidas (2015). *Objetivos y metas de Desarrollo sostenible - Desarrollo sostenible.* Desarrollo Sostenible. Obtenido en https://www.un.org/sustainabledevelopment/es/objetivos-de-desarrollo-sostenible/ (13 de junio de 2025).

National Association of Social Workers (1992). NASW Standards for Social Work Case Management. Washington, D.C., NASW.

Organización Mundial de la Salud (2024). *Ageing and health. World Health Organization.* Obtenido en https://www.who.int/es/news-room/fact-sheets/detail/ageing-and-health (13 de junio de 2025).

Parreño, A. (2022). Elijo mi Hogar. Obtenido en https://directoressociales.com/wp-content/uploads/2022/10/ELIJO-MI-HOGAR-V-3.pdf (5 de septiembre de 2025)

Peláez, A. L., & Marcuello-Servós, C. (2018). e-Social work and digital society: re-conceptualizing approaches, practices and technologies. *European Journal of Social Work, 21*(6), 801–803. https://doi.org/10.1080/13691457.2018.1520475

Pino Eloísa, E., Moreno Fuentes, F. J. Cruz-Martínez, G., Hernández-Moreno, J., Moreno, L., Pereira-Puga, M., & Perna, R. (2020). Informe *Gestión Institucional y Organizativa de las Residencias de Personas Mayores y COVID-19: dificultades y aprendizajes.* Instituto de Políticas y Bienes Públicos (IPP-CSIC) Madrid. https://doi.org/10.20350/digitalCSIC/12636

Relinque-Medina, F., Muñoz-Moreno, R., Fernández-Borrero, M.A., & Vázquez Aguado, O. (2021). Informe sobre investigación e innovación en los servicios sociales de Andalucía. 2010-2019. Huelva: Servicio de Publicaciones de la Universidad de Huelva. https://www.uhu.es/publicaciones/?q=libros&code=1264#

Saini, R., Mittal, V., Chaudhary, A., Simar, P., Gopera, S., Kapoor, V., & Kaur, S. (2025). Challenges faced by the caregivers of the elderly: a cross-sectional survey from India. *Psychogeriatrics*, *25*(1). https://doi.org/10.1111/psyg.13245

Sánchez, A. S. (2007). La gestión de casos como nueva forma de abordaje de la atención a la dependencia funcional. *Revista de Servicios Sociales* (42), 7-17.

Santás García, J.I. (2016). Proyecto de apropiación de las TIC en servicios sociales de atención social primaria del Ayuntamiento de Madrid. *Cuadernos de Trabajo Social*, 29 (2), 213-323.

Secretaria de Estado de Derechos Sociales. Ministerio de Derechos Sociales, Consumo y Agenda 2030. (2023). *Estrategia Estatal de Desinstitucionalización para una buena vida en la comunidad 2024-2030*. Madrid: Secretaría General. Servicio de Publicaciones.

Universidad de Málaga (2024). Proyecto Vivir en Casa. Catálogo de Servicios del Proyecto Vivir en Casa. Universidad de Málaga. Obtenido en https://vivirencasa.org/wp-content/uploads/2025/04/CATALOGO-SOCIAL-VIVIR-EN-CASA.pdf (14 de junio de 2025).

Van Dijk, H. M., Cramm, J. M., Van Exel, J., & Nieboer, A. P. (2014). The ideal neighbourhood for ageing in place as perceived by frail and non-frail community-dwelling older people. *Ageing and Society*, 35(8), 1771-1795. https://doi.org/10.1017/s0144686x14000622

Vilches, O., & Colomer, A. (2001). Spanish language adaptation and validation of the Pfeiffer's questionnaire (SPMSQ) to detect cognitive deterioration in people over 65 years of age. *Medicina Clínica*, *117*(4), 129-134. https://doi.org/10.1016/s0025-7753(01)72040-4

Yin, R. K. (2009). *Case study research : design and methods*. SAGE.

Zarit, S. H., & Zarit, J. M. (1982). Families under stress: Interventions for caregivers of senile dementia patients. *Psychotherapy: Theory, Research & Practice, 19*(4), 461–471. https://doi.org/10.1037/h0088459